明代——最后的汉家王朝

◎ 主编 金开诚

◎ 编著 于元

吉林出版集团

吉林文史出版社

图书在版编目（CIP）数据

明代：最后的汉家王朝 / 金开诚著. -- 长春 ：
吉林文史出版社，2011.10（2023.4重印）
（中国文化知识读本）
ISBN 978-7-5472-0873-1

I . ①明… II . ①金… III . ①中国历史－明代 IV.
①K248

中国版本图书馆CIP数据核字(2011)第209637号

明代——最后的汉家王朝

MINGDAI ZUIHOU DE HANJIA WANGCHAO

主编/ 金开诚 编著/于 元
项目负责/崔博华 责任编辑/崔博华 刘姝君
责任校对/刘姝君 装帧设计/李岩冰 董晓丽
出版发行/吉林出版集团有限责任公司 吉林文史出版社
地址/长春市福祉大路5788号 邮编/130000
印刷/天津市天玺印务有限公司
版次/2011年10月第1版 印次/2023年4月第3次印刷
开本/660mm×915mm 1/16
印张/9 字数/30千
书号/ISBN 978-7-5472-0873-1
定价/34.80元

前 言

文化是一种社会现象,是人类物质文明和精神文明有机融合的产物;同时又是一种历史现象,是社会的历史沉积。当今世界,随着经济全球化进程的加快,人们也越来越重视本民族的文化。我们只有加强对本民族文化的继承和创新,才能更好地弘扬民族精神,增强民族凝聚力。历史经验告诉我们,任何一个民族要想屹立于世界民族之林,必须具有自尊、自信、自强的民族意识。文化是维系一个民族生存和发展的强大动力。一个民族的存在依赖文化,文化的解体就是一个民族的消亡。

随着我国综合国力的日益强大,广大民众对重塑民族自尊心和自豪感的愿望日益迫切。作为民族大家庭中的一员,将源远流长、博大精深的中国文化继承并传播给广大群众,特别是青年一代,是我们出版人义不容辞的责任。

本套丛书是由吉林文史出版社组织国内知名专家学者编写的一套旨在传播中华五千年优秀传统文化,提高全民文化修养的大型知识读本。该书在深入挖掘和整理中华优秀传统文化成果的同时,结合社会发展,注入了时代精神。书中优美生动的文字、简明通俗的语言、图文并茂的形式,把中国文化中的物态文化、制度文化、行为文化、精神文化等知识要点全面展示给读者。点点滴滴的文化知识仿佛颗颗繁星,组成了灿烂辉煌的中国文化的天穹。

希望本书能为弘扬中华五千年优秀传统文化、增强各民族团结、构建社会主义和谐社会尽一份绵薄之力,也坚信我们的中华民族一定能够早日实现伟大复兴!

目录

一、略谈明朝

明朝（1368—1644年）是元朝灭亡后由汉族人在华夏大地上重新建立起来的封建王朝。在元朝处于奴隶地位的汉人在明朝得到了解放，再一次回到平民的位置上来，为中国经济繁荣和社会进步创造了有利的条件。

至正二十八年（1368年）正月，朱元璋在应天府（今江苏省南京市）称帝，年号洪武，建立了明王朝，朱元璋史称明太祖。八月，朱元璋大将徐达率军进入大都（今北京市），宣告了元朝的灭亡。

明太祖即位后，进行了一系列的改革，废去中书省和丞相，分政权于吏、户、礼、兵、刑、工六部，六部直属皇帝管辖。六部制成为明清两代的基本政权组织形式。

为了选拔官吏，明朝扩大了科举规模，明确规定以程朱理学的四书、五经为考试内容，以八股文为考试形式的科举制度。朱元璋制定了《大明律》，促进了社会的稳定。

朱元璋在位三十一年，死后其孙子朱允炆继位，史称明惠帝。朱元璋四子燕王朱棣以入京除奸为名，发动了"靖难之役"。经过四年的战争，燕王打败了明惠帝，夺取了明朝政权，即位称帝，建元永乐，是为明成祖。

明成祖为了加强对北方少数民族的防御，于永乐八年（1410年）到永乐

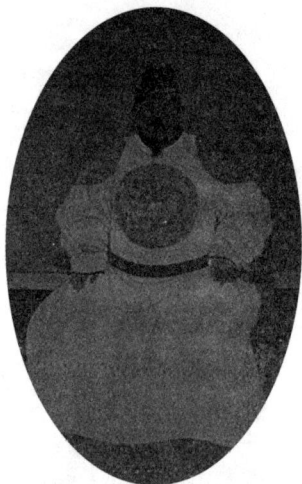

二十二年（1424年）五次亲征，先后打败鞑靼、瓦剌两部蒙古骑兵，并于永乐十九年（1421年）迁都北京，以加强对北方的控制。

明成祖之后，继位者依次为明仁宗、明宣宗和明英宗。在此期间，明朝一直处于上升阶段。国库充实，百姓安定。

正统十四年（1449年），蒙古瓦剌部进军南犯。明英宗与宦官王振领兵五十万出击，在土木堡被瓦剌军所败，明军全军覆没，明英宗被俘。瓦剌军兵临北京城下，这次事件史称"土木之变"。国不可一日无君，在北京留守的兵部侍郎于谦为了安定国家，果断地拥立明英宗之弟朱祁钰为帝，史称明代宗。于谦组织全城军民登城御敌，经过艰苦的战斗终于打败了瓦剌军，使其不得不放回明英宗，并与明朝议和。明英宗回京后，于1457年趁明代宗病重之机，在亲信大臣和宦官的帮助下夺回政权，再次登基，改年号为天

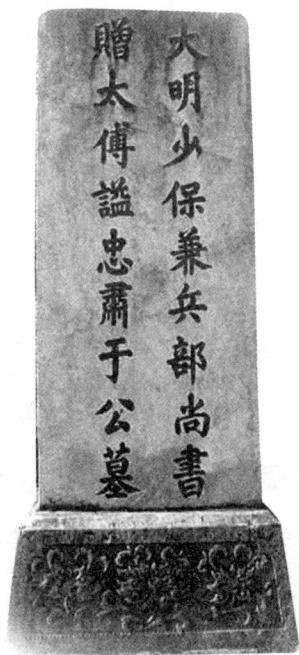

顺。明英宗复位之后，立即捕杀于谦，助其夺权的大臣和宦官一一受爵加官。

继明英宗之后的明宪宗和明孝宗两朝，明朝稳步发展，尤其明孝宗一朝，史称中兴。

明孝宗死后，明武宗继位，武宗荒唐昏聩，沉湎酒色，视帝位如儿戏，艳游无度，最后落水惊病而死。

明武宗死后无子，明宪宗之孙——兴献王朱祐杬之子朱厚熜继位。他是明武宗的堂兄弟，史称明世宗。明世宗继位后不理朝政，整日在皇宫修道，妄图长生不老，置国家于不顾。在位四十五年，贻害无穷。

其子明穆宗继位后，痛加改革，可惜在位时间不长，只有短短的六年，犹如昙花一现。他让贤臣张居正辅佐年方十岁的幼主明神宗继续改革，明朝进入了自明英宗以来最繁荣的阶段。

张居正死后，明神宗开始堕落，成了

一名好色好财的昏君。国家经济凋敝，政治混乱，武备松弛。萨尔浒一战，明朝十万大军全军覆没。从此，明朝开始一步步走向灭亡。

明神宗死后，其子明光宗在位仅一个月，虽厉行改革，但仅如电光石火，一闪而灭。

明熹宗继位后，整日只知做木匠活，对国家政事不闻不问。宦官魏忠贤乘机专权，陷害忠良、卖官鬻爵、广植党羽，国家陷于昏天黑地之中。

明熹宗死后，继任者崇祯皇帝虽宵衣旰食，励精图治，但他猜疑心太重，凌迟袁崇焕，自毁长城，再也无人挡得住女真铁骑的凌厉攻势；又重用宦官，任为监军，使其挟皇帝之威，凌驾于督抚之上，在前线瞎指挥，对义军的剿抚多次功败垂成。

崇祯十七年（1644年），李自成率义军攻入北京，崇祯皇帝自缢，明朝灭亡

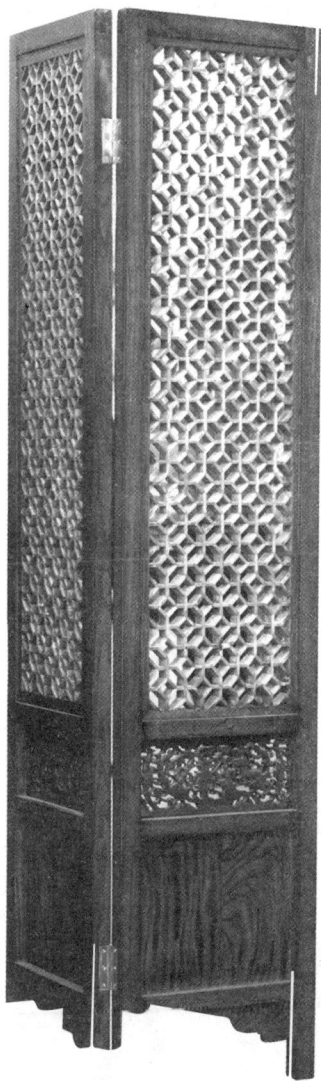

了。

　　因为明朝在统治上相对稳定，所以在经济、科技、文化各方面都有所发展。到明朝中期，不论是在生产工具上，还是在产量上，农业的发展都已远远超过前代。农业的发展使更多劳动力解放出来，进一步促进了手工业与商业的发展。明朝的瓷器、宣德炉等手工业产品精美无比，是不可多得的艺术珍品。另外，明

朝的科学技术和文化艺术比较发达,李时珍的《本草纲目》、宋应星的《天工开物》、徐光启的《农政全书》以及《徐霞客游记》等著作成为今日我们研究和借鉴古代技术的珍贵资料。中国历史上的四大名著中的三大名著《西游记》《水浒传》《三国演义》即出于明朝。

总之,明朝不仅为中国,也为世界作出了巨大的贡献。

二、明初三帝的文治武功

（一）明太祖

明太祖是明朝第一位皇帝，于元文宗天历元年（1328年）九月十八日生于安徽盱眙县太平乡二郎庙附近，即今安徽嘉山县明东乡赵府村（据淮安市委宣传部2006年7月10日《朱元璋出生考》）。

朱元璋的父母没有地，靠租种别人的地为生。朱元璋是家里的第六个孩子，上面有三个哥哥和两个姐姐。朱元璋小时候曾读过几个月私塾，后因无钱交学费，退学给人家放牛去了。

至正四年（1344年），淮河流域旱灾、蝗灾、瘟疫接踵而至。朱元璋的父亲、母亲、大哥、大哥的儿子相继去世，大嫂带着孩子回了娘家，家里只剩下他和二哥了。家里一粒米都没有，二哥只好外出逃荒。朱元璋因年纪小，便到村子附近的皇觉寺出家当了和尚。大灾之年，寺中也没有余粮，朱元璋在皇觉寺只住了几十天，便被打发云游四方化缘去了。直到至正八年（1348年），朱元璋才又回到皇觉寺。

经过三年多的云游生活，朱元璋视野大为开阔，人生阅历大为丰富，已经了解了社会。

元朝统治者歧视汉人，汉人形同奴隶，生活十分艰辛。元朝末年，官逼民反，形成了历史上著名的红巾军起义。起义者头裹红巾，故称红巾军，领导者是韩山童

和刘福通。

至正十二年（1352年）闰三月，皇觉寺被毁，朱元璋无处安身，便到濠州城下投奔了红巾军郭子兴部，成了郭子兴的亲兵。因他作战勇敢，胆大心细，在红巾军中很快崭露头角，被提升为九夫长。郭子兴很赏识他，将养女马氏嫁给了他。

郭子兴病逝后，朱元璋掌握了这支队伍。短短三年间，朱元璋就从普通一兵变成拥兵十万的大将，成为割据一方的军事统帅，加入了群雄逐鹿的行列。

至正十五年（1355年），刘福通迎接韩山童的儿子韩林儿在安徽亳州建立龙凤政权，尊韩林儿为小明王，与元朝对立，被汉族百姓视为正统。朱元璋接受他的册封，担任了江南等处行中书省平章政事。

朱元璋没读过多少书，但他虚心好学，喜欢儒士。他先后网罗了冯胜、陶安、刘基、朱升等一大批儒士，给他们很高的待遇，经常和他们一起谈古论今，分析形势，请他们出谋划策。在儒士的帮助下，朱元璋决定争夺江山，建立帝业。

定远有个文人叫李善长，是个很有抱负的人，也来投奔朱元璋。朱元璋知道他有学问，就让他在身边当了一名谋士。有一天，朱元璋问李善长说："现在全国到处都在打仗，什么时候才能太平呢？"李善长回答说："秦朝末年，天下也曾这样大乱过。汉高祖虽然是一介平民，但他气量大，能够重用人才，又不乱杀人，因此只花了几年时间就统一了天下。现在元朝政治这样混乱，天下土崩瓦解，将军何不向汉高祖学习统一天下呢？"

朱元璋听了这话，心中大喜，从此便一心一意学习汉高祖。

朱元璋听从谋士的意见，攻下集庆（今南京），改集庆为应天府，作为根据地。

刘福通牺牲后，朱元璋把小明王接

到滁州，名义上还接受小明王的领导。

后来，朱元璋想做皇帝了，觉得留着小明王对他称帝是个障碍，便于至正二十六年（1366年）派人去接小明王，请他迁都应天府。途中，趁小明王在瓜步（今江苏六合东南）渡江时，派人偷偷将船凿沉，溺死了小明王。

至正二十七年十月，朱元璋命令大将率军北伐，山东、河南随即攻下。

在轰轰烈烈的北伐中，朱元璋于至正二十八年（1368年）正月在应天府称帝，国号为大明，年号为洪武。

这年八月，徐达率领大军直捣大都。元顺帝丢下大都，逃往上都（今内蒙古自治区锡林郭勒盟正蓝旗旗东北），元王朝被推翻了。

洪武二十年（1387年），朱元璋派傅友德、蓝玉击败割据东北的纳哈出，逐步统一了东北。

至此，朱元璋终于削平群雄，基本

上完成了统一中国的大业。

朱元璋勤奋好学，在打仗的间隙也不忘读书。称帝后，他特意命人在奉天门建文渊阁，收藏经史子集，设置若干名大学士，自己经常抽空去那里读经史，终日不倦。他特别喜欢读史书，尤其留意历代兴亡的经验教训，时常引以为戒。

通过读书学习，朱元璋从书中学到了很多东西，决定改革政体。明代以前，历朝大体上沿用秦始皇所创立的君主之下设宰相辅政的政治体制。朱元璋对此很不满意，认为君权下移，宰相手里的权太重。于是，他亲自设计、制定了几项重要的政治制度，对以往政治制度进行了大胆的变革和创新。

洪武九年（1376年），朱元璋下令撤销行中书省，设立承宣布政使司、提刑按察使司和都指挥使司，分掌行政、司法、军事权力，三者地位平等，互不统摄，向中央负责。全国分为浙江、江西、福建、

北京、广西、四川、山东、广东、河南、陕西、湖广、山西十二个布政使司，洪武十五年（1382年），又增设云南布政使司。

朱元璋更为关心的是中央机构的改革。洪武十三年（1380年），撤销中书省，不设丞相，提高吏、户、礼、兵、刑、工六部职权，分掌天下事务，直接向皇帝汇报。同时，将掌管全国军事的大都督府一分为五，改为前、后、左、右、中五军都督府，分领所属都司卫所部队，但无权调兵。

朱元璋进行上述变革和调整的根本目的是进一步强化君权，分化、弱化大臣之权。朱元璋罢丞相一职是对一千多年中央政治制度的一次重大变革。不设丞相，六部直接将全国政务奏请皇帝裁决，实际上是皇帝兼行相权。这样，皇帝不得不处理更多的政务，据说朱元璋每天要看二百多份奏章，处理四百多件政事，相当辛苦。由此，专制主义皇权到了朱元璋

手中得到了空前的加强，他也成为历史上最有权势的皇帝之一。清朝肯定了他设计的政体，维持不变。

明朝是朱元璋在华夏大地上重新建立起来的封建王朝，改善了汉人的地位，使得占人口大多数的汉族人民再一次回到平民的位置上来，为今后中国的进一步发展创造了有利条件。

朱元璋重视读书人，而大文豪施耐庵却几乎死在他的手里。多亏施耐庵的同年刘基（科举时代同榜录取的人称"同年"）鼎力相救，施耐庵才得以寿终正寝，留下了辉煌巨著《水浒传》，从而为明朝增添了万丈光辉。

施耐庵原名施彦瑞，生于元成宗元贞二年（1296年），是孔子七十二弟子之一施之常的后裔。唐末，施之常的后人在苏州安了家。施耐庵祖籍苏州，后移居兴化县白驹镇。白驹镇一带河沟纵横，港汊交错，施耐庵的父亲施元德以操舟为业，

母亲卞氏操持家务。施耐庵家里贫穷，无钱上学读书。但他聪明好学，经常借书看，请邻居教，有时还到学堂去旁听。就这样，他读了《大学》《论语》等许多书，能在大庭广众之中对答如流，下笔为文，倚马可待。有一天，邻居老人病故，请在浒墅关教私塾的季秀才来写祭文。等了好久，季秀才未能及时赶到，别人就提议让施耐庵试试。施耐庵挥笔立就，随后赶来的季秀才看了这篇祭文后，赞不绝口，主动提出带施耐庵到浒墅关去读书，并且不收学费。后来，季秀才还把女儿许配给了施耐庵。

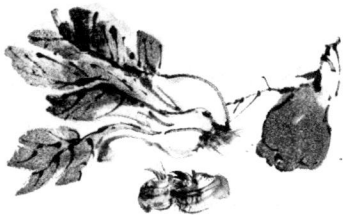

施耐庵事亲至孝，为人仗义。他不但学问好，还学过拳脚，武艺高强，疾恶如仇，爱打抱不平。施耐庵勤奋好学，才思敏捷，很快成了一名满腹经纶的饱学之士。19岁时，施耐庵初涉科场，一举考取秀才；30岁那年又考中了举人。

施耐庵的好友刘本善担任国子监司

业，素知施耐庵道德文章足以为人师表，便举荐施耐庵去山东郓城县担任训导，做了一名分管教育的小官。在郓城期间，施耐庵倡导教育，廉洁奉公，同情百姓，指导农桑，深受百姓尊敬。施耐庵一身正气，不肯与黑暗势力同流合污，渐渐引起上司和地方实力派的不满，每每受到刁难。有一天，阳谷县绅士吴林要安插他的亲戚，被施耐庵断然拒绝了。吴林怀恨在心，竟以莫须有的罪名诬告施耐庵。施耐庵见官场黑暗，举步维艰，于是愤然辞官。

施耐庵听说梁山好汉替天行道，疾恶如仇，不禁产生了共鸣。于是，在辞官之后，施耐庵特地寻访好汉遗迹，游览了鲁中名胜。他到黄堆集（黄泥岗）考察智取生辰纲的遗址，在水堡村访问宋江后人，到景阳岗凭吊武松，在石碣村拜谒三贤洞。他到狮子楼听过讲好汉故事的评书，还到过金沙滩、断金亭、黑风口和梁

山道。施耐庵觉得梁山好汉是自己的知心好友，应把他们写出来传之千古。郓城期间的这经历为他后来写《水浒传》积累了丰富的素材。

至顺二年（1331年），施耐庵36岁。他长途跋涉北上大都，与刘基（即民间讲古中鼎鼎大名的刘伯温）考中同榜进士，被派到钱塘（今浙江省杭州市）担任县尹。施耐庵在钱塘任上鼓励农桑，轻赋薄税，秉公执法，抑制豪强。施耐庵一心要做一名为百姓谋福的父母官，不料却受到上司达鲁花赤的干预。他觉得当官不能为民做主，不如回家著书去，于是便愤然辞官，挂冠回乡了。

施耐庵到家后，建了三间茅屋，教书种田，开始撰写《水浒传》。这时，山西太原大盐商罗大户到白驹镇洽谈生意，听说施耐庵博学多才，通晓古今，便叫儿子罗贯中拜施耐庵为师。罗贯中智慧超群，是施耐庵门生中的佼佼者，常利用课余时

间协助施耐庵写《水浒传》。

元朝末年，在残酷的民族压迫和阶级压迫下，各地农民、盐民纷纷起义。至正十三年（1353年）正月，张士诚在白驹镇近邻的草堰镇率领百姓起义。张士诚是白驹镇张家墩人，以撑船、拉纤、贩私盐为生。因不堪管理盐务的分司、运司和盐场官吏的欺凌，与弟弟张士义、张士德、张士信以及李伯升等18人杀了官兵，劫了富豪，起兵造反了。卞仓的武举卞元亨杀死盐城巡捕后，为逃避官府缉拿，也投奔了张士诚。卞元亨是施耐庵的表弟，深知施耐庵有经天纬地之才，就极力向张士诚推荐他。张士诚便随卞元亨亲自登门邀请施耐庵出山，共图大业。

施耐庵本想潜心著述，不问世事。但他本是疾恶如仇的人，目睹元朝官吏横征暴敛，鱼肉百姓，心中万分痛恨。如今见张、卞二人前来竭诚相邀，便慨然应允，携带罗贯中一起参加了起义队伍。

在起义队伍中，施耐庵和卞元亨是张士诚的文武二辅。施耐庵身为军师，足智多谋。义旗初举，枪械奇缺。在攻打丁溪时，施耐庵教张士诚购买了两千多条大而整齐的白鳞鱼，穿在竹竿上，在月光下就像雪亮的大刀一样，把丁溪镇大地主刘子仁吓得仓皇逃走。从此，起义队伍所向披靡，战泰州、下高邮，后来在苏州建立了吴国。

张士诚在苏州称王之后，渐渐被胜利冲昏了头脑。他开始追求享乐，任用小人，疏远贤人。许多忠义之士先后离开了张士诚，首先离开的是投奔张士诚的刘基。不久，施耐庵另外两名挚友鲁渊和刘亮也离开了。贤臣相继离去并没有使张士诚清醒，他仍然沉湎酒色，怠于政事。这时，方国珍兵强马壮，朱元璋虎视眈眈，各地战事不息，危机四伏。施耐庵深感形势严峻，于是面谏张士诚，分析天下局势，指明当务之急。可是，张士诚听信小

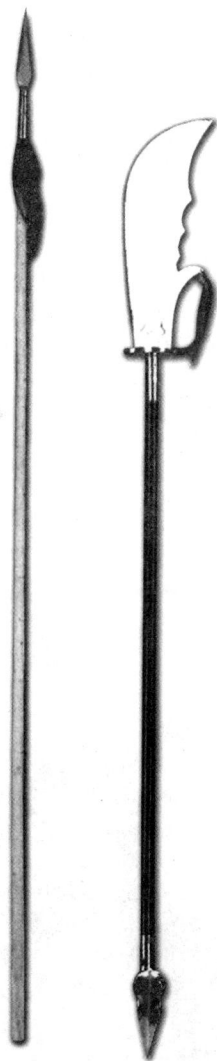

人黄敬夫、叶德新、蔡彦文之言，对施耐庵的话一句也听不进去。施耐庵见大势难以逆转，张士诚的败亡只是迟早的事，于是也悄然离去了。

施耐庵重归故里，在北宝寺坐馆，一面教学生，一面继续撰写《水浒传》。为了使自己像耐心庵堂那样专心著述，不问政事，施耐庵在书斋的门上挂上了写有"耐庵"两字的牌子。于是，人们便称他为耐庵先生，施耐庵的名字便是这么来的。

朱元璋打败张士诚后，怕人民反抗，把苏州人都迁到边远的地方去了。有一天，朱元璋听说施耐庵在写犯上作乱的书，连忙派人捉拿施耐庵，并把他关进南京天牢。施耐庵在天牢里受尽折磨，不久便疾病缠身了。这时，施耐庵的同年刘基已是朱元璋的军师，他伺机向朱元璋进言，施耐庵才被释放。

施耐庵获释之后，到淮安租房住下。

经过这场变故后，施耐庵的健康状况日益恶化。施耐庵生活拮据，缺医少药。这年冬天，他风寒旧疾复发，无异雪上加霜。施耐庵自知不久人世，便将《水浒传》的修改稿交给罗贯中，嘱咐他将其中破损和遗失部分回忆整理出来，务必印刷成书，传之后世。嘱毕溘然长逝，享年75岁。这一年是洪武四年（1371年）。

《水浒传》描述北宋末年官府横征暴敛，官逼民反的情形。讲了宋江等好汉疾恶如仇，被逼上梁山，替天行道的故事。书中塑造了大批栩栩如生的人物，如武松、李逵、鲁智深、林冲等，对后代农民起义产生过重大影响。

《三国演义》是一部历史小说，以描写战争为主，分为黄巾起义、董卓之乱、群雄逐鹿、三国鼎立、三国归晋五大部分。作者就是与施耐庵合著《水浒传》的罗贯中。《三国演义》不仅是较早的一部历史小说，而且代表着古代历史小说的最高成就。它把百年左右头绪纷繁、错综复杂的事件和众多人物叙述得有条不紊。书中把古代战争和人物都写活了，虽有虚构，但大体上忠于历史，不但是一部辉煌的文学巨著，也为后来的军事家提供了不少战例和谋略借鉴。

《三国演义》和《水浒传》同出于洪武年间（1368—1398年），作为中国古代四大名著的前两部，为明朝增添了万丈光芒。

(二) 明惠帝

洪武二十五年 (1392年) 四月, 年仅38岁的皇太子朱标英年早逝, 史称懿文太子。

洪武三十一年 (1398年), 朱元璋病逝, 遗诏命皇太孙朱允炆继位, 史称明惠帝。

明惠帝是明朝第二位皇帝。

朱允炆14岁时, 他的父亲朱标身上长个大肉瘤, 苦不堪言, 朱允炆日夜守在身边伺候。

朱标去世后, 朱允炆将三个年幼的弟弟接到一起, 对他们的饮食起居照顾得十分周到, 并没有让他们感到孤独。

朱元璋病逝前, 脾气异常暴躁。朱允炆亲自服侍他, 常常整夜不能入睡, 而且没有一句怨言。

明惠帝继位时21岁, 改年号为建文。

明惠帝从小接受儒家教育，继位后把三位儒家师傅引为心腹。他们是黄子澄、齐泰和方孝孺。黄子澄是受人尊敬的儒家学者，于洪武十八年（1385年）考中进士。齐泰是洪武十八年的进士，精通儒学，尤其精通兵法。方孝孺是明初大学者，六岁能诗，从元末明初大儒宋濂学习，极受器重，以文章和政见闻名。

明惠帝在这三位大儒的辅佐下，开始了一系列的改革，史称"建文新政"。

朱元璋用武力夺得天下，大都督府的左右都督都是正一品，而六部尚书却是正二品。《大明律》中明文规定文官不许封公封侯，而武将封公封侯者甚多，称王的也不少。这种局面下，文官在议论朝政中的地位可想而知。明惠帝有意结束其祖父尚武的政风，将六部尚书升为正一品；大开科举，并下诏要求地方官举荐文学之士。文人获得了比以前更高的政治地位，对朝政敢于表达自己的意见了，

这就加强了文官在国家政事中的作用。

明太祖以猛治国，认为乱世宜用重典，法外用刑情况十分严重。他还使用了许多恐怖的刑罚，如抽筋、剥皮、阉割、凌迟等。明惠帝认为《大明律》用刑过重，改正了其中量刑较重的部分律法，取消了恐怖的刑罚。

明惠帝一上台，就在文治方面作出了重大的贡献。

建文元年（1399年）正月，明惠帝下令减轻江浙地区的田赋。明初以来，江浙地区的田赋重于其他地方，这是因为朱元璋憎恨江浙地区的缙绅当年依附张士诚而采取的惩治措施。明惠帝认为江浙重赋只可用惩一时，不可形成定制。

明太祖时，僧道夺占了大量肥田沃土，从而变成了有权有势的地主，不仅享有免除土地赋税和徭役的权利，甚至占用当地居民的土地，强迫他们给自己服劳役。建文三年（1401年）八月，明惠帝下令僧道每人占田不得超过5亩，多余的要退官，分给农民耕种。

明太祖时，藩王权势很重，拥有自己的军队，少则三千，多则数万。特别是北方边防线的几名藩王，拥有指挥军队的权力。明太祖本意是要藩王确保朱家江山，却没想到留下了拥兵自重、尾大不掉的后患。

明惠帝即位之初的几个月中，开始增强自己的权力，削弱藩王的权力，史称"削藩"。周王朱棣是第一个倒台的，接着是代王朱桂、湘王朱柏、齐王朱榑以及岷王朱楩。在五个藩封被废之后，燕王便成了下一个目标。朝廷认为他最棘手，因此在行动上很谨慎，这样一来反而给燕王提供了集结部队和准备造反的时间。

以齐泰、黄子澄为首的大臣坚决主张削藩，但在具体削藩策略上有所不同。黄子澄认为燕王实力强大，应该先削弱

小的周、齐、代诸王，去掉燕王的羽翼，待时机成熟时再削燕王。齐泰则主张擒贼先擒王，只要先铲除燕王，其他诸王自然无力反抗了。明惠帝听取了黄子澄的建议，以致打草惊蛇，燕王急忙起兵了。燕王名朱棣，是明太祖的第四个儿子，明惠帝的叔叔，精通兵法，善于统军作战。

建文元年（1399年）七月，燕王在姚广孝等人游说下以"清君侧"为名起兵，从而拉开了长达四年的叔侄战争，史称"靖难之役"。

明惠帝命耿炳文率军十三万伐燕，兵败后退守真定。九月，又命李景隆率军五十万出征。李景隆只会纸上谈兵，没有实战经验，也打了败仗。明惠帝起用保卫济南的盛庸为大将，取得了东昌之役的胜利，但这已无法改变燕王势力逐渐增强的事实。建文三年十二月，燕王反守为攻，率军直趋南京。六月十三日，李景隆和谷王打开金川门迎降，朱棣取得了靖

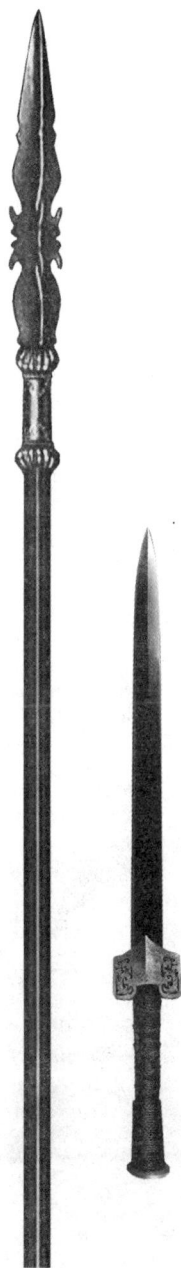

难之役的最终胜利。

明惠帝在位四年，积极进行改革，深得民心。但在削藩策略上产生了失误，不幸丢掉了帝位。

燕王朱棣攻下南京后，明惠帝下落不明。有人说当场烧死了，有人说从密道出走削发为僧了。众说纷纭，莫衷一是，成为明史第一谜案。但这已经不重要了，重要的是明朝进入了明成祖统治时期。

（三）明成祖

明成祖朱棣是明朝第三位皇帝，11岁被封为燕王，17岁迎娶徐达长女，21岁就藩北京，即到封地北京。

明成祖之所以能成为明代第三位皇帝，与姚广孝是分不开的。

姚广孝是苏州长洲人，父亲是个医生。父亲本想让他子承父业，可他偏偏不愿意学医，而想读书做官或学佛。因为元

末入仕的途径较少，他便在14岁那年出家做了和尚，法名道衍。虽然做了和尚，可他还想做官，平时不学佛理，一味研习兵法韬略。后来，他还违反佛规，拜道士席应真为师，学习阴阳术数之学。

姚广孝对儒、释、道三家之学都有涉猎，学问高深，因而"浙东四学士"宋濂、高启等人都爱与他交游。

洪武十五年（1382年），明太祖的结发之妻马皇后去世，明太祖选拔高僧侍奉诸子诵经祈福。姚广孝的朋友——任职僧录司的宗泐推荐了姚广孝。姚广孝到南京后，见到燕王朱棣，两人谈得颇为投机。姚广孝对朱棣说："殿下若能用臣，臣当奉一顶白帽子与大王戴。"朱棣一听，心领神会，明白"王"字上面加个"白"字就是皇帝的"皇"字，不由得心中大喜。原来，这时明太祖的太子早已经病逝，明太祖选中的接班人朱允炆过于仁柔，正是朱棣争夺帝位的好时机。于是，朱棣乘机请姚广孝和他回到北京。

到了北京，姚广孝以住持身份住进庆寿寺，经常出入燕王府，密谈军国大事，成为朱棣的军师。

建文元年（1399年），朱棣起兵。姚广孝留在北京，辅助朱棣的长子朱高炽留守北京。

朱棣的燕军虽然勇猛，但数量有限，和号称百万的南军相比，处于明显的劣势，在叛乱初期虽然互有胜负，总体上却一直处于劣势。

在仔细分析了形势后，姚广孝提出避免和南军进行硬碰硬的对抗，放弃夺取城市，直接从南军缝隙穿过，南下直取南京的建议。朱棣接受这一建议，燕军很快杀进南京，夺得了天下。

朱棣做了皇帝，极其感激姚广孝，认为他的功劳最大，超过了所有的武将。

朱棣在登上帝位的第二年，不顾姚广孝的和尚身份，封他为资善大夫、太子

少师，恢复姚姓，同时要他蓄发还俗，赐给他府第和两名宫女。这一切姚广孝均未接受，平时穿朝服上朝议政，退朝后随即换上僧服，而且依旧住在寺院里。朱棣以为他佛缘太深，只得作罢，也不怪他。其实并非如此，而是朱棣即位之后大肆诛杀异己，让姚广孝心有余悸。

朱棣攻取南京后，主张削藩的主要谋士黄子澄被砍去双手和双腿，然后被杀。齐泰也被灭族。朱棣对在战场上抵抗最为坚决的铁铉极其愤恨，命人割下他的耳鼻后才将其杀死，妻女沦为官妓。礼部尚书陈迪不肯投降，和儿子等六人同日就刑。朱棣在行刑前将陈迪儿子的耳鼻割下煮熟让陈迪吃掉，并问味道如何。陈迪毫无惧色，回答道："忠臣孝子的肉鲜美无比。"说罢坦然就刑。

朱棣从北京出发时，姚广孝曾劝他不要杀方孝孺："城下之日，彼必不降，幸勿杀之。杀孝孺，天下读书种子绝矣。"

说如果杀了方孝孺，读书人就绝种了。

朱棣进南京后，召方孝孺为其写即位诏书，方孝孺坚决不肯。朱棣以死相逼说："你自己的性命不要了，难道不顾及九族吗？"方孝孺大义凛然，朗声回答说："便杀十族又奈我何？"朱棣盛怒之下，灭了他的十族。所谓十族，就是在九族之外将朋友门生也算在内。

姚广孝拒绝还俗后，奉命赈济苏州、湖州等地。他特意顺路到家乡长洲探亲，把明成祖赏给他的金银布匹全部散发给宗族和乡亲了。

不料，姚广孝帮助朱棣夺位，被视为叛乱，颇为人所不齿。他的朋友王宾拒绝与他见面，唯一的亲人姐姐不理他，他要叙叙亲情，结果被姐姐厉声骂了出来。

这一切让姚广孝大为失望，不得不对自己的所作所为进行反省，并采取了一定的补救措施。此后，他把心血全部倾注在纂修《永乐大典》上了。

明朝不设丞相一职，明成祖在永乐元年组建文渊阁，代替丞相参预国家决策，类似内阁，直接听命于皇上，有利于皇帝掌控朝政。文渊阁极为重要，进文渊阁的人都是大才子，而且年龄都很轻，解缙是其中年龄较大的，也只有34岁。

永乐元年，一天明成祖到文渊阁视察工作，问起文渊阁藏书的情况，解缙回答说："藏书太少了。"明成祖说："百姓家如有余资，尚欲购书，何况朝廷了？"说罢让解缙开出书单，送交礼部购买。解缙乘机说："有些典籍在战乱中散失，已经难以寻觅，不如编纂一部文献大成流传百世。"明成祖一听此言，大喜道："好啊！正合朕意，此事就交给你来完成吧。"于是，一部涵盖古今，包罗万象，蕴含一切知识财富的百科全书《永乐大典》在解缙主持下开始编纂了。

解缙于洪武二年（1369年）十一月初七日出生在吉水鉴湖（今江西省吉水县

文峰镇) 的一个书香门第。洪武三十一年

(1398年) 考中进士, 官至翰林学士。

永乐二年 (1404年) 十一月, 解缙将编纂好的类书进呈明成祖。明成祖很高兴, 赐名《文献大成》, 还赏赐了解缙等147位有功人员。

不久, 明成祖发现这部类书与他的要求相距甚远, 还有许多佛道典籍未收录, 只收录了儒学等方面的典籍。于是明成祖决定重新编修, 任命姚广孝、刑部侍郎刘季篪和解缙负总责, 前后参与编纂的近三千人。

永乐五年 (1407年) 十一月, 姚广孝等人将编好的《永乐大典》进呈明成祖, 明成祖终于满意了。

《永乐大典》共22877卷, 外加凡例、目录60卷, 全书分装11095册, 引书达七八千种, 字数约有三亿七千多万, 是我国历史上最大的类书, 内容包括经、史、子、集、百家、天文、地志、阴阳、医、卜、

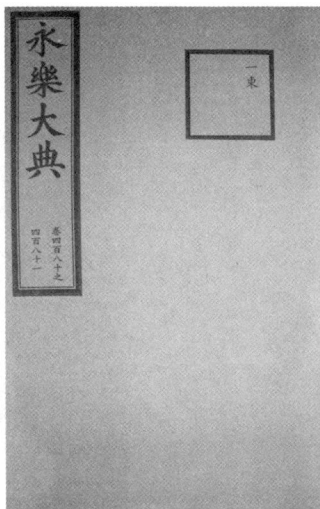

僧、道、戏剧、小说、技艺诸项。此前的类书，如唐代的《艺文类聚》只有100卷，北宋的《太平御览》和《册府元龟》都各有1000卷。《永乐大典》的规模之大，确实是前无古人的。《永乐大典》的显著特点是照录原文，未作删改，保持了书籍的原貌，具有很高的学术价值。

令人遗憾的是，在《永乐大典》的庆功会上没有解缙的身影，原来九个月前解缙被贬到广西做布政司参议去了。

明成祖长子朱高炽立为太子后，次子朱高煦不服，赖在京城不肯到封地去，还不把太子放在眼里。因他受到父皇的宠爱，竟得寸进尺，进出宫殿都与太子并肩而行，有时竟拍太子的脑袋，显得很随便。解缙熟读圣贤之书，是个重礼之人，看到朱高煦这样骄横，就跟明成祖说：

"陛下这样纵容朱高煦是错误的，他不去云南，陛下就同意让他留在身边，给他的待遇类似太子。他和太子平起平坐，甚至戏弄太子，陛下却装着没看见。如果陛下不立刻制止朱高煦这种越礼行为，会对国家不利的。"

解缙这种善意的提醒竟被明成祖视为离间骨肉，明成祖当场将解缙大骂一通。

安南即现在的越南，汉唐时属于中国的一部分，设有郡县。五代十国时期，国内大乱，安南乘机独立，从此成为中国的属国，与朝鲜、日本等国一样，他们的国王由中国皇帝删封，每年要向中国皇帝进献贡品。

明惠帝时期，安南发生政变，安南国王陈氏被胡氏取代。后经调解，胡氏表示愿意让出王位，迎接陈氏回国。没想到胡氏撒了个弥天大谎，陈氏回安南后立即被杀，胡氏还杀了送陈氏回国的明朝使臣。

永乐五年（1407年）二月，明成祖决定在安南国设置郡县，改安南为交趾。解缙独持异议，不同意在安南设郡县，主

张继续保留安南作为属国的历史现状。于是，解缙被明成祖赶出朝廷，到广西去当布政司参议。后来的历史证明，解缙是有远见的。

后来，解缙又被贬到交趾。

永乐八年（1410年）一月，明成祖要解缙进京汇报交趾的情况。这年二月，解缙回到南京，偏巧明成祖在前几天亲率五十万大军北伐蒙古去了。明成祖这一去将近一年，解缙等到十个多月时，有些急了，心想皇帝不在，向监国的太子汇报不是一样吗？不料，这给恨死解缙的朱高煦落下了口实。明成祖回来后，朱高煦立刻向明成祖报告，说解缙"私见东宫"。

明成祖是个皇帝迷，这也是他起兵夺位的主要原因。听说解缙私见太子，明成祖气不打一处来。暗想：我还没死，就有人想抢班夺权，这还了得。于是，立即下令逮捕解缙。

解缙被捕入狱，在天牢里一关就是

五年多。永乐十三年（1415年）冬，锦衣卫头子纪纲照例向明成祖呈上天牢罪犯花名册，明成祖看后说："解缙还在吗？"只问了这一句，别的什么也没说。

纪纲见解缙在明成祖心目中已经无关紧要，回到天牢后，竟用酒将解缙灌醉，然后放在雪地上活活冻死了。忠心耿耿、功在千秋的大才子解缙就这样冤死了。

永乐三年（1405年），郑和受明成祖派遣，率领船队浩浩荡荡地出海远航，最远时到过非洲东海岸，同南洋、印度洋的三十多个国家和地区进行了友好交流，史称"郑和下西洋"。

郑和曾七次下西洋，规模之大、范围之广都是空前的。它在航海活动上达到了当时世界航海事业的顶峰，比哥伦布远航要早一百多年。郑和对发展中国与亚洲各国在政治、经济和文化上的友好交流作出了巨大的贡献。

郑和出生于明洪武四年（1371年），原名马三保。1381年冬，明朝军队进攻云南，马三保被掳入明营，被阉割当了太监，进入燕王府。在靖难之变中，马三保为燕王立了战功。永乐二年（1404年）明成祖认为马姓不能登三宝殿，因此在南京亲笔写了个"郑"字赐给马三保。马三保从此改姓郑，改名为和，升任内官监太监，四品，地位仅次于司礼监太监。郑和是中国历史上最杰出的航海家，在航海、外交、军事、建筑等诸多方面都表现出卓越的才能。他精通航海图、牵星过洋航海术，熟知各式东西洋针路簿、天文地理、海洋科学、船舶驾驶技能与修理知识。

郑和下西洋前，南洋和西洋一带国际环境动荡，东南亚地区各国相互猜疑，互相争夺。当时东南亚两个最大的国家爪哇（印度尼西亚爪哇岛）、暹罗（泰国）对外扩张，欺压周边国家，威胁满剌加

（马来西亚）、苏门答腊、占城（在今越南南部）、真腊（在今柬埔寨），甚至在三佛齐（大巽他群岛上的一个古代王国）杀害了明朝使臣，拦截向中国朝贡的使团。同时，海盗猖獗，横行东南亚、南亚海上，海上交通得不到安全保障。于是，明成祖派遣郑和率领船队下西洋，调解了各国之间的矛盾，维护了海上的安全，建立了一个稳定的国际环境，从而提高了明王朝的国际威望。

明成祖称帝后，曾五次御驾亲征，打败了蒙古入侵军，让北方百姓过上了安定的日子。

永乐二十二年（1424年），明成祖在最后一次亲征归途中病逝。

三、从"仁宣之治"到孝宗中兴

（一）明仁宗

明仁宗朱高炽是明朝第四位皇帝，是明成祖的长子。永乐二十二年（1424年）八月登基，次年改元洪熙，在位仅十个月。

朱高炽于洪武二十八年（1395年）立为燕王世子。他为人稳重，爱好读书，深得祖父明太祖的喜爱。

朱高炽长得过于肥胖，行动不便，总

要由两个内侍搀扶着才能行动，走起路来跌跌撞撞。为此，一生嗜武的明成祖不喜欢这个儿子。明成祖起兵争夺帝位时，让朱高炽留守北京。朱高炽团结部下，以万人之众成功地阻挡了明惠帝大将李景隆的五十万大军，保住了北京城，这才使明成祖另眼相看。在此期间，明惠帝曾写信给朱高炽，许以封王，争取他归顺朝廷。朱高炽接信之后连看都没看，就原封不动地派人送到明成祖面前，使明惠帝的反间计彻底失败了。

由于朱高炽身体肥胖，不便随军作战，二弟朱高煦就走上了前台。朱高煦作战勇猛，在武将中威信很高，在战斗中曾多次救过明成祖，明成祖曾许愿说："你大哥多病，将来帝位必将是你的了。"听了这话，朱高煦热血沸腾，冲锋陷阵，英勇杀敌，在整个"靖难之役"中立下了赫赫战功。

明成祖登上帝位后，在立皇太子的

问题上又出现了犹豫。朱高炽仁厚儒雅，深得文臣拥戴，而且他是明太祖亲自为明成祖选择的继承人。更重要的一点是朱高炽的长子朱瞻基聪明过人，深得明成祖的喜爱，人称"好圣孙"。于是，明成祖终于下了决心，于永乐二年（1404年）立朱高炽为太子。

朱高煦落选后并未屈服，迟迟不肯到封地去，留在京城准备伺机而动，私养了许多武士图谋不轨。后来，大臣杨士奇和徐皇后出面说服明成祖，削夺了朱高煦的部分护卫，强令他到乐安（山东省惠民县）就藩。

永乐二十二年（1424年）七月十八日，明成祖在北征返京途中病逝于榆木川，随从宦官不知所措，与大臣杨荣密商如何处置。杨荣指挥若定，认为离京尚远，为防止军心涣散，为了避免二皇子朱高煦、三皇子朱高燧趁机作乱，应暂秘不发丧。于是，他们用锡铸棺将明成祖尸体收

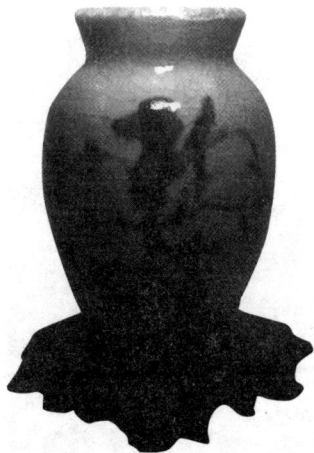

殓起来放在车中，每到一地和平时一样进膳，只是皇帝的车帘再也没有掀开，军中浑然不觉。杨荣先回北京向太子报告情况，决定了处理方法。结果，朱高炽顺利地即位了。由于大臣们的精心安排，国家政局未发生丝毫骚动，也未爆发什么叛乱，政权得以平稳过渡。

明仁宗继位后，开始了一系列的改革。

明仁宗赦免了明惠帝旧臣和永乐年间因连坐流放到边疆的官员家属，允许他们返回原籍。

明仁宗平反冤狱，如建文朝忠臣方孝孺一案，永乐朝解缙一案都在这一时期得到平反。

这样，便缓和了统治集团内部的矛盾，为经济发展提供了安定的环境。

明仁宗选用贤臣，任命杨士奇、杨荣、杨溥三人辅政，发展生产，与民休息，百姓得到了实惠。

洪熙元年（1425年）五月二十九日，明仁宗因肥胖症猝死于钦安殿。

明仁宗在位虽不到一年，但实际在位时间并不短。明成祖在位期间，有大部分时间都在北征，朝中一切政务均由他掌管，由他监国，等同皇帝。因此说，他为明朝作的贡献是不小的。

（二）明宣宗

朱瞻基是明朝第五位皇帝，是明仁宗的长子，29岁继位，史称明宣宗，年号宣德。

洪武三十一年（1398年）二月初九日，朱瞻基出生在北京。朱棣夺得天下后在南京登基，朱瞻基随祖母离开北京也来到南京。祖父明成祖和祖母徐氏非常钟爱他，对他寄予很大希望。

朱瞻基自幼聪明，喜好读书，过目不忘。永乐五年（1407年）四月，他出阁读

书，明成祖特命姚广孝做他的老师。朱瞻基学习刻苦，留意古今兴衰和历朝治乱，从中领会治国的道理。

明成祖用言传身教来影响这个招人喜爱的孙子，为他以后君临天下做准备。

永乐七年（1409年），明成祖巡幸北京，令朱瞻基同行。途中，明成祖特意带朱瞻基到田间观察农作物、农具和耕种的过程，到农民家里看他们的衣食住行，让朱瞻基知道农业是国家的根本，治理国家必须体恤农民。

永乐八年（1410年），明成祖亲征蒙古，让尚书夏原吉辅佐朱瞻基留守北京，学习处理日常政务。当时，北京是国家的陪都，地位十分重要。夏原吉每天早上辅佐朱瞻基处理政事，从容不迫，井井有条，让朱瞻基积累了许多处理政务的经验。夏原吉还陪朱瞻基深入乡村，体察百姓疾苦。此后，朱瞻基多次在夏原吉的侍从下往返于两京之间，经常谈论治国方

略，获益匪浅。

永乐十二年（1414年），为了让朱瞻基接受战场的历练，明成祖命他随军亲征蒙古。朱瞻基经常随明成祖检阅军队，学习战法。

在祖父的精心培育下，朱瞻基上马管军，下马管民，为将来治理国家积累了宝贵的经验。

汉王朱高煦和赵王朱高燧一直没有放弃争夺帝位的念头，时刻威胁着国家的安定。朱高煦在被父亲安排到乐安之后，并没有改过自新，而是准备随时发难。当明仁宗突然病逝时，朱瞻基正在南京，得知消息后日夜兼程赶往北京。朱高煦在他必经之路上埋伏人马准备截杀他，而他行动极为神速，赶到北京登基为帝，阴谋才没有得逞。

朱瞻基继位后，加强了对两位皇叔的防范。但表面上重加赏赐，仍以礼相待。朱高煦认为少主新立软弱可欺，于宣

德元年（1426年）八月，仿照父亲起兵争夺帝位，派人到北京秘密联络英国公张辅作内应，结果为朝廷所知。明宣宗没有派兵征讨，而是修书一封劝他罢兵，他执意不听。

面对如何平定朱高煦的叛乱，群臣意见不一。有些大臣主张命将出讨，而杨荣、夏原吉等大臣则力主以明惠帝为前车之鉴，要明宣宗御驾亲征。明宣宗采纳了杨荣、夏原吉的建议，皇帝亲征的消息极大地鼓舞了全军将士，民心也迅速安定下来，动荡的局势有所缓和。

朱高煦闻讯，只得投降。大臣请求将其就地正法，明宣宗顾及亲情，没有同意，而是将朱高煦押回北京，废为庶人，在西安门内辟出囚室，械系朱高煦。

明宣宗回师途经献县时，大学士陈山劝明宣宗移师彰德（赵王朱高燧封地），袭执赵王朱高燧，大臣多表同意。朱高燧早存夺位之心，始终是朝廷之患。

明宣宗颇有移军彰德之意，因杨士奇等人苦苦劝谏，最终班师回京了。

回到北京后，朝臣交章上奏，请求将赵王的护卫削去，将他拘留北京。明宣宗没有同意，念及就这一个叔父了，应该想个保全的办法，于是他将群臣的奏章派人送给赵王看。赵王看到奏章，十分惊恐，立即上表谢恩，并自请削去护卫，得以寿终正寝。

其实，赵王这次没有起兵，并不是因为他已改过自新。他对汉王的叛乱极为赞成，并且积极招待汉王派来的联络使者。赵王府左长史胡永兴力劝赵王不可造次，赵王根本不予理睬。胡永兴情急之下，派人在路上截杀了汉王的使者，烧掉了来往的信件，将赵王参与叛乱的证据销毁了。这样，赵王才逃过一劫。

汉王朱高煦本来是可以留住性命的。三年后，明宣宗带着内侍前去探望朱高煦，不想朱高煦对自己遭到禁锢耿耿

于怀，竟用脚将明宣宗勾倒。明宣宗惊魂未定，盛怒之下命人将朱高煦罩在一个300斤重的铜缸下，四周燃起炭火，将其活活烤死。最后，铜缸烧化了，朱高煦尸骨无存。

汉王和赵王的威胁解除后，社会安定，为明朝发展提供了良好的环境。

明成祖曾经发兵八十万征讨交趾，将其并为明朝的一个省，在那设置官吏加以统治。但交趾不肯臣服，起兵反对明朝的战争时有发生。明朝连年用兵交趾，消耗了大量的人力、物力、财力，渐感难以承受了。宣德六年（1431年），明宣宗册封黎利为安南国王。安南再次独立，脱离了明朝的直接统治，但仍然是明朝的属国。直到明朝末年，明朝和安南再也没有发生大规模的军事冲突。放弃安南之举免除了连年战争给人民带来的痛苦，也为明朝节省了大量的开支。

明宣宗实行安民、爱民的仁政，执行

与民休息的政策。他下令招人垦荒，发展农业生产。

明宣宗是位仁君，十分爱护百姓，认真为百姓选拔好官。当时，苏州府是他的一块心病。苏州府每年上交税粮281万石，约占全国的十分之一。可是苏州官吏贪污成风，百姓端着金饭碗却要挨饿，不少人被逼得背井离乡，流落他乡。从明成祖以来，朝廷多次选拔官吏去治理，均未收到成效。

明宣宗反复考虑后，降旨让百官保举京官中廉洁公正而又精明强干的人去做苏州知府。经百官推荐，明宣宗选中了况钟。况钟是江西靖安人，曾在县里当过九年书吏，因办事认真、考核成绩优秀被推举进京担任礼部小吏。明宣宗任命况钟担任苏州知府，特地颁给况钟一道玺书，允许他先斩后奏，有权独自处理事情。

况钟上任后，先是装糊涂，胥吏抱着案卷请示他时，他只说该怎么办就怎么办

吧。胥吏见他这样，无不窃喜。一个月后，况钟经过充分调查，摸清了情况。这时，他让人在知府大堂摆上香案，把府中的官吏、城乡的里长以及府学的学生都叫来，然后取出皇帝的玺书高声朗诵，当念到"官吏有犯法者可直接处置"一句时，那些平时为非作歹的胥吏吓得浑身乱抖。

况钟读完玺书，把里长叫到跟前，要他们在善、恶两个簿子上填写胥吏的名字，然后优待并宴请善者，从严惩治恶者，将那几个极其贪婪的胥吏当堂摔死在阶下，并将尸体摆在闹市上示众。此后，所有胥吏再也不敢贪赃枉法，百姓纷纷回乡务农，过上了温饱的生活。

况钟整顿官纪的事一下子传遍了苏州一府七县，百姓都夸他是皇帝派来的救星。况钟在苏州九年任满后，按惯例要进京接受吏部考核，重新安排。但苏州百姓一再挽留，不放他走。明宣宗体恤民

心，让况钟仍为苏州知府，但给他加官晋级，让他食二品俸禄。

苏州百姓把明宣宗和况钟的像挂在祠堂里，由衷地礼拜。

由于明宣宗任贤惩恶，地方官无不勤政爱民，全国大治。

仁宣两朝天下太平，百姓安居乐业，史称"仁宣之治"。清代历史学家谷应泰说："明有仁、宣，犹周有成、康，汉有文、景。"人们都说这样的评论是有道理的。

宣德十年（1435年），明宣宗病逝。

（三）明英宗和明代宗

明英宗朱祁镇是明朝第六位皇帝，9岁继位，年号正统。

明英宗继位时年纪尚幼，军政大事掌握在太皇太后张氏和内阁"三杨"手中。太皇太后张氏是明仁宗的皇后，明

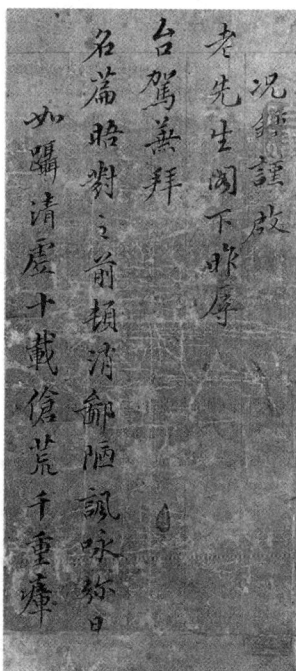

宣宗的母亲，明英宗的祖母，很有才智，一心关怀幼帝，国家大事多禀她裁决，处理十分得当。"三杨"即杨士奇、杨荣、杨溥，是明朝历史上少有的贤相。他们历永乐、洪熙、宣德三朝，有着丰富的治国经验。

正统七年（1442年），太皇太后张氏去世，接着三杨也先后退休，明英宗幼时的贴身太监王振掌握了朝中大权。

元朝灭亡后，蒙古虽然无力与明朝争天下了，但他们雄踞北方，时刻都是明朝的严重威胁。

明英宗时，蒙古在瓦剌部首领也先的领导下渐渐强大起来，蒙古的势力范围西起今日的新疆、甘肃、青海，东到辽东，疆域辽阔。

明英宗正统十二年（1447年）二月，蒙古瓦剌部首领也先派使者到北京进贡，要求与明朝皇帝通婚，娶公主为妻。明朝翻译官马云、马青和指挥吴良私自答

应了他,于是也先特地前来贡马作为聘礼。明廷大臣问道:"皇上并未许婚,为何送聘礼?"也先一听,又羞又恼,悻悻而去。

这年七月,也先率军攻打山西重镇大同。边报传来,太监王振劝明英宗说:"也先要求通婚,无礼已极,不给他点颜色看看,他是不会老实的,请陛下御驾亲征吧。"明英宗对王振言听计从,立即答应了。

原来,王振是明英宗的贴身太监,粗通文墨。入宫后,他曾教幼年的明英宗识字,因此明英宗怕他。他很有心机,常出宫买些儿童玩具给幼年的明英宗玩,因此明英宗从小就特别喜欢他。明英宗亲政后,王振不仅掌管后宫,在前朝也是说一不二。他恃宠专权,朝廷内外无人不怕他。

明英宗决定御驾亲征后,任命王振为全军统帅。粮草还未准备充足,五十万

大军就仓促出发了。一路上正逢天降大雨，道路泥泞，行军缓慢，士兵饿死无数，遍地都是尸体。

也先闻报，心中大喜，认为这正是捉拿明英宗、平定中原的大好时机。他命令将士佯败，要将明军引入重围。王振以为瓦剌军惧怕明军，正在逃跑，便下令追击瓦剌军。也先见明军中计，下令道："兵分两路，从两侧包抄明军！"结果，明军前军遭到瓦剌军伏击，全军覆没。明英宗见败局已定，急忙下令道："速速班师回京！"

明军撤到土木堡时，已近黄昏时刻，大臣纷纷建议说："请陛下令大军再前行二十里，进怀来城等待援军吧。"王振驳斥道："糊涂！尚有千辆辎重未到，岂能抛弃？必须在土木堡等待！"明英宗在王振面前是个不敢拿主意的人，连忙点了几下头。其实，那些车里装的大多是王振一路上收取的礼物。

也先深怕明军进驻怀来据城固守，急忙下令军中道："马不停蹄，给我猛追！"在明军抵达土木堡的第二天，也先就追了上来，将土木堡层层包围。

明英宗几次突围不成，被也先生擒。明军见天子做了俘虏，顿时溃不成军，五十万大军全军覆没。

消息传到北京，太后和皇后急得大哭不止，忙从内库拿出大量金银珍宝、绫罗绸缎，偷偷派太监带上去寻找瓦剌军，想把明英宗赎回来，结果只是徒劳一场。

从土木堡逃回来的伤兵陆续在北京城里出现，有断手的，有缺腿的。官民见了，人心惶惶。京城里留下的兵马不多，瓦剌军来了怎么抵挡呢？这是大家最担心的事。

为了安定人心，皇太后宣布由明英宗的弟弟——郕王朱祁钰监国，代理皇帝的职权，并召集大臣商量御敌之策。

朱祁钰是明宣宗的次子，自幼受过很好的教育。朱祁钰的生母原是汉王朱高煦府邸的一位侍女。朱高煦谋反兵败后，汉王宫的女眷全部充入后宫为奴。御驾亲征的明宣宗在返京途中邂逅了吴氏，被吴氏的美貌与聪明打动，一见钟情。由于封建礼教的束缚，罪人的下人吴氏不能被封为嫔妃，于是明宣宗将她安排在一个紧贴宫墙的大宅院中，并时常临幸。一年后，吴氏为明宣宗生下了次子，取名朱祁钰。吴氏因此被封为贤妃，但继续住在宫外。

宣德八年（1433年），明宣宗病重，派人将朱祁钰母子召进宫中，并托付给自己的母亲张太后和孙皇后，让她们善待朱祁钰母子，婆媳二人都答应了。两年后，明宣宗病逝，孙皇后没有食言，不久就封朱祁钰为郕王，并为他修建王府，供他们母子二人居住。

明英宗被俘时，郕王已经二十出头

了。大臣们七嘴八舌，不知怎么办才好，只见大臣徐有贞说："瓦剌兵强马壮，我们抵挡不住，不如迁都到南方去，暂时避一下再说。"兵部侍郎于谦严肃地向皇太后和郕王说："主张逃跑的应该斩首。京城是国家根本，如果朝廷一撤，人心一散，大局就不可收拾了。我们要记取北宋亡国的教训啊！"于谦的主张得到许多大臣的支持，太后决定叫于谦指挥军民守城。

于谦，字廷益，钱塘人，自幼聪明过人，爱好读书，相貌堂堂，声音洪亮，胸怀大志。于谦的祖父收藏了一幅文天祥的画像，于谦十分钦佩文天祥，总把那幅画像挂在墙上激励自己。他还在画像上题词，表示一定要向文天祥学习。明成祖永乐十九年（1421年），于谦考中进士，做了几任地方官。在任上，他严格执法，廉洁奉公，成了全国闻名的大清官。他奖励生产，赈灾济贫，爱民如子。后来，他升任河南巡抚。大宦官王振专权时，朝廷上贪

污成风，地方官进京办事时都得先送白银贿赂王振，而于谦从来不送礼。有人劝他说："你不肯送金银财宝，难道不能带点土特产去？"于谦甩了甩两只袖子笑着说："在下只有两袖清风。"他还写了一首诗表明自己的态度，诗的后面两句是"清风两袖朝天去，免得闾阎话短长"。后一句意思是说免得被人说长道短，"闾阎"是"里巷"之意。"两袖清风"的成语就是由这里来的。为此，王振恨透了于谦，捏造罪名将他关进监狱长达三个月，于谦几乎死在狱中。

在京城面临危急的紧要时刻，于谦毅然担起守城重任。他一面调兵遣将，加强京城和附近关隘的防御；一面整顿内部，逮捕了一批瓦剌的奸细。

有一天，朱祁钰上朝，于谦要求宣布王振的罪状，朱祁钰不敢作主。宦官马顺是王振的同党，见大臣们不肯退朝，就吆喝着想把大臣赶走。这下激怒了大臣，有

个大臣冲上去揪住马顺，大伙拥上去一阵拳打脚踢，把马顺当场打死了。朱祁钰见朝堂大乱，想躲进内宫，于谦拦住他说："王振是这次战争失败的罪魁祸首，不严惩不足以平民愤。只有宣布王振的罪状，大臣才能心安，百姓才能和我们同心协力守住京城。"朱祁钰听了于谦的话，猛然醒悟，当即下令抄了王振的家，惩办了王振的同党。这时，人心才渐渐安定下来。

也先生俘明英宗后，没有把他杀死，而是把他当做人质，不断骚扰边境。于谦认为国家没有皇帝人心容易涣散，便请太后正式宣布朱祁钰为皇帝，明英宗改称太上皇。太后准奏，于是朱祁钰继位称帝，年号景泰，史称明代宗，又叫景泰帝。明代宗是明朝第七位皇帝。

也先见明朝决心抵抗，就以送明英宗回朝为借口，大举进犯北京。于谦召集将领商量对策，大将石亨说："我军兵力

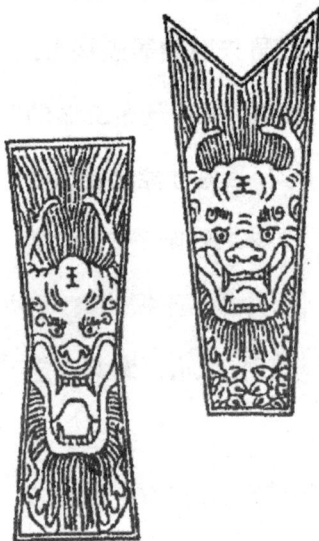

太弱，应把城外的军队全部撤到城里，然后关上城门固守。日子一久，也许瓦剌就自动退兵了。"于谦说："敌人这样嚣张，如果我们向他们示弱，只会助长他们的气焰。我们一定要主动出兵，给他们一个迎头痛击。"接着，于谦分派将领带兵出城，在九门外摆开阵势。于谦亲自率领一支人马驻守德胜门外，叫城里的守将把城门全部关起来，表示有进无退的决心。他还下了一道军令："将领上阵，丢了队伍带头后退的，斩将领；士兵不听将领指挥，临阵脱逃的，由后队将士督斩。"明军将士被于谦的勇敢精神和坚定态度所感动了，一个个斗志昂扬，誓与瓦剌军决一死战。这时，各地的明军已接到于谦的命令，陆续开到北京救援，城外的明军一下子增加到二十二万人。

十月十一日，瓦剌军打到北京城下，在西直门外扎下大营。于谦果断迎击，打败了也先的先头部队，夺回被俘军民一千多人。同时，于谦又派人率军在深夜袭击敌营，以疲惫敌军。

十月十三日，瓦剌军乘风雨大作之机进攻德胜门，于谦命大将石亨在城外民房内埋伏好勇士，然后派遣小股骑兵佯败诱敌。也先中计，亲率大军穷追不舍。等也先军进入埋伏圈后，于谦一声令下，明军一跃而起痛击敌人。只见神机营火器齐发，火箭飞蝗般射向敌军。明军前后夹击，也先部队大败而归。在这一次战斗中，瓦剌军受到沉重打击，也先的弟弟勃罗、平章卯那孩等人中炮而死。

十月十四日，瓦剌军改攻彰义门。于谦命令守军将城外街巷堵塞，在重要地带埋伏神铳手、短枪手，又派兵在彰义门外迎战。明军前队用火器轰击敌军，后队用弓弩猛射，击退了瓦剌军的进攻。

各地百姓被于谦组织起来抗击瓦剌军，也先在进攻北京的过程中到处遭到军民的抵抗和袭击。也先屡战屡败，唯恐

后路被截断，便于十五日深夜挟持明英宗由良乡（今北京市房山东北）向紫荆关撤退。

经过五天激战，于谦守住了北京，保住了明王朝。

十一月八日，瓦剌军全部退到塞外。在明英宗被俘的一年时间里，也先对他颇为尊重。明英宗长了一副帝王相，不怒而威，也先每次见他都有几分惮意。也先对明英宗的照顾可谓无微不至，每天进牛奶和马奶，每两天进羊一只，每隔七天进牛一只，逢五逢七逢十还要设宴宴请明英宗。北方冬季天气寒冷，也先让妻子献出暖脚用的"铁脚皮"，供明英宗御寒之用。

一年后，也先有送明英宗南归之意，但明代宗对于明英宗南归并不积极。他不愿迎接明英宗回京，怕影响他的地位。这时，于谦站了出来，向他保证明英宗归来不会影响他的帝位，希望他遣使去迎

接明英宗。明代宗这才被说服，但也只是派右都御史杨善等人为使者去打探消息，不提迎回明英宗之事，也不带礼物。杨善只好变卖家产，自己买了些礼物。在他的积极斡旋下，明英宗才得以平安南归。

明英宗回北京后，明代宗将他软禁在南宫，长达七年。

景泰八年（1457年），明代宗病重，明英宗在武清侯石清、右都御史杨善以及副都御史徐有贞、太监曹吉祥等人的拥戴下，冲进宫门复位，史称"夺门之变"。

明英宗复位后，明代宗送被往西苑，不久便气死了。

明英宗复位的当天，传命在朝班中逮捕拥立明代宗的于谦。刑部论刑，认为应当凌迟处死，籍没家产。明英宗颇为犹豫，认为于谦有功社稷，不忍心杀害。这时，参与夺门之变的徐有贞提醒说："不杀于谦，此举为无名。"意思是说如果不

杀于谦，复位就没有合法性了。明英宗一听此语，才下决心杀了于谦。于谦死后，蒙古大军又屡屡骚扰明朝北方边疆，明英宗束手无策，忧心不已。一天，恭顺侯吴谨趁机在旁进言道："如果于谦还活着的话，一定不会让敌人如此猖狂的。"明英宗听了，默默无语，并不怪罪吴谨。明英宗复位后，陈汝言继于谦为兵部尚书，不到一年便因罪被抄家，缴获的赃物价值万金。明英宗召大臣来看赃物，并伤心地说："于谦在景泰朝深受信用，死时却家贫如洗。陈汝言贪得也太多了吧！"原来，于谦被抄家时，家中什么也没有，只有正门锁得紧紧的，打开一看，里面只有明代宗赏赐的蟒袍和宝剑。

明英宗复位后，又做了八年皇帝，干了一件人人称颂的大好事，即废除了殉葬制度。明太祖死时，许多宫人陪葬，此后的皇帝去世后都以宫妃殉葬。明英宗认为这样做太残酷了，临终前留下遗诏，停

止殉葬。此后，明代各朝皇帝都遵从这个遗诏，不再以宫妃殉葬。这件事被史家赞为盛德之事。

（四）明宪宗

明宪宗朱见深是明英宗的长子，是明朝第八位皇帝，在位二十三年，年号成化。

明宪宗仁厚宽和，信任大臣。终成化一朝，政局平稳，因此人称成化、弘治为太平盛世。弘治是他儿子明孝宗的年号。

明宪宗严重口吃，每次上朝，如果准许大臣所奏之事，只说一个"是"字，以免出丑，因此影响了他与大臣面对面的交流，很多事情需要通过身边的人传达旨意。于是，渐渐有人借此机会开始干预朝政了。贵妃万氏、宦官汪直就曾干预朝政，成为成化一朝的污点。

万氏本是明宪宗的祖母孙太后宫中

的一名宫女，4岁时选入宫中，长大后选派到东宫服侍朱见深。万氏比朱见深年长17岁，朱见深从小依赖她，日久生情，一直都非常宠爱她，成化一朝的内宫基本上都是万氏主宰着。她曾为明宪宗生过一个儿子，但不久便夭折了。汪直原是服侍万氏的太监，干政后常为万氏敛财。

万氏为人机警，身材丰满。每次皇帝出行时，她不是身着戎装骑马前驱，就是佩刀侍立左右。

万氏妒忌心极强，宫中妇女一旦怀孕，她就千方百计地命人进药汤使其堕胎。

万贵妃的骄横不但影响了成化一朝的内宫生活，还间接地影响到外廷。一些士大夫不顾颜面结纳万贵妃及其家人和汪直，但并非人人如此，大清官杨继宗即不肯与他们同流合污。

杨继宗于明英宗天顺初年考中进士，出任刑部主事。从这时起，他就立志学习宋朝的大清官包拯，做一个清正廉洁的官吏。

明宪宗成化初年，朝廷采纳王翱的推荐，提拔杨继宗担任嘉兴知府。杨继宗赴任时仅带一个仆人，官署和书斋里别无长物。他生性刚正廉洁，人们都不敢冒犯他。杨继宗经常召集乡间父老询问疾苦，帮助他们解决困难。他还大力兴办学校，民间子弟如果年满八岁不入学读书，就要处罚他们的父兄。嘉兴素称难治，杨继宗到任不久便遇到这样一件案子。当地土豪张某行凶害民，养盗窝赃，无恶不作，但因其有财有势，又广交权贵，府县官吏不敢过问。杨继宗初到嘉兴，张某又与众盗劫了一批官绢。杨继宗查实无误，便下令将其逮捕法办。张某虽有万贯家财，碰上不爱钱的杨继宗，竟然无计可施。这时，恰巧有位权贵路过嘉兴，张某的家人忙备厚礼前去行贿。那权贵果然将杨继宗召去，以张某此案无原告为由为之说情，请他放过一马。杨继宗听了，正色道："知府是朝廷之官，而张某所劫的是官绢，哪里用得着原告啊？如果要原告的话，请以朝廷为失主，以杨某为原告。"一席话说得那位权贵闭口无言，惭愧无地，趁半夜四处无人时，悄悄地离嘉兴而去。京城太监因事路过嘉兴时，杨继宗只送给他们一些菱角、芡实之类的土特产。如果太监索要银子时，杨继宗当即取出库银说："银子都在这里，请写张收据吧。"太监一听这话，都吓得不敢要银子了。

有一年，杨继宗进京入觐明宪宗，太监头子汪直久闻其名，想要见他，他却不肯。明宪宗问汪直道："朝觐官中谁最廉洁啊？"汪直不敢欺君，只得如实回答道："天下不爱钱的，只有杨继宗一个人。"九年任满，杨继宗被破格升为浙江按察使，但多次冒犯太监张庆。张庆哥哥张敏

在朝中司礼监做官，便在明宪宗面前诋毁杨继宗。明宪宗问道："你说的不就是那个不要一文钱的杨继宗吗？"张敏一听吓了一跳，连忙写信给张庆说："好好对待杨继宗，皇上已经知道他这个人了。"

母亲去世时，杨继宗立即将官署中的器物全部清理好，然后交给官府，只带一个仆人和几卷书回乡。守丧结束后，杨继宗开始做顺天府的长官。京畿之内有多处权贵的庄田，凡有侵占百姓产业的，他就立即夺回，还给百姓。

成化二十三年（1487年），明宪宗病逝，太子朱祐樘继位，史称明孝宗。

（五）明孝宗

明孝宗朱祐樘是明朝第九位皇帝，其母纪氏是广西土司的女儿，广西叛乱平息后被带到皇宫。纪氏端庄聪明，被选送内书堂学习，然后被派到内藏看护皇

家典籍。一天，明宪宗到内藏看书后，纪氏得到宠幸怀孕了。当时，万贵妃恃宠而骄，为所欲为，命太监带着堕胎药送给纪氏吃。派去的太监出于好心，只让她吃了一点点，没有堕胎。在好心的宫女和太监的照料下，纪氏平安地生下朱祐樘，在后宫偏僻的安乐堂生活了六年，一直不敢公开露面，甚至连胎发都不敢剪。在朱祐樘之前，明宪宗有过两个儿子，一个是万贵妃所生，早已夭折。另一个是柏妃所生，被万贵妃害死了。因此，明宪宗刚开始一直以为自己无后。一天，太监张敏为明宪宗梳头，明宪宗看到自己的白发，不禁叹道："老将至矣，无子。"张敏连忙跪下说："陛下已经有子了。"明宪宗大吃一惊，忙追问究竟，张敏说出了实情。朱祐樘由于长期幽禁，一直没有剪过胎发，长长的头发直披地上。明宪宗第一次见到自己瘦弱的儿子，不禁泪流满面，连忙抱起他，让他坐在膝上，亲切地抚摸他。第

二年，朱祐樘被册立为太子，接着纪氏暴亡，太监张敏也吞金自尽，这都是万贵妃逼的。明宪宗的母亲周太后担心万贵妃会对朱祐樘下毒手，就亲自将孙子抱养在自己的仁寿宫内，这才使得朱祐樘安全地长大。

朱祐樘被立为太子后，明宪宗非常注重对他的教育。9岁时，他开始出阁读书，接受严格的教育。在大儒的培养下，朱祐樘既有渊博的学识，又有广泛的爱好，尤其喜欢赋诗、绘画、弹琴，造诣颇深。

明孝宗在位期间，推行了一系列有利于国计民生的政治措施。凡是明宪宗亲信的奸臣或杀、或贬，大量起用正直贤能之士，重用杨继宗、李东阳、谢迁、刘建等名臣。

明孝宗继位后，杨继宗改任湖广按察使。到任后，他让人打来上百斛水，把衙门冲洗一番，然后才处理事务。有人问他这是为什么，他回答说："我清除一下污秽。"原来，前任是个贪官，杨继宗就是这样一个疾恶如仇的人。

不久，杨继宗升任云南巡抚。云南都指挥使司、布政使司、按察使司里有许多人是他的旧日同僚，见面后，他离开座位向大家施了一揖道："明天要办公事了，望诸君能多加谅解。"第二天，杨继宗不顾情面，罢免了八个不称职的旧同僚。

杨继宗极力维持风纪，处事必定依礼而行。他担任知府时，谒见上司时一定要身着朝服，入京朝觐和谒见吏部长官时也是如此。有人说不用这样，杨继宗说："这是朝廷法服，这时候不穿什么时候穿啊？"

杨继宗担任浙江按察使时，十多名管仓库的官吏因为库粮短缺而被关在狱中，以至于卖儿鬻女来赔偿，杨继宗想从宽处理他们却又找不到理由。有一天，官吏给他送来月俸粮，他让人称了一下，发

现送多了，再称别人的，也都是如此。他由此悟出了仓库缺粮的原因。他准备如实上报，众人惶恐不安，甘愿捐出月俸粮代仓吏赔偿，十多名仓吏因此获释。

杨继宗自律甚严。有一天，他的夫人偶尔收了属吏送的一块烤肉。杨继宗发现后，立即击鼓召集下属，自责道："我家教不严，有罪。"说罢，将妻子遣归故里。

杨继宗廉洁奉公，刚正不阿，被称为明朝清官第一人。

谢迁于明宪宗成化十一年（1475年）考中状元，授翰林院修撰。明孝宗继位后，宦官郭镛请求挑选妃嫔充实六宫，谢迁进谏说："先帝的陵墓还未建成，挑选妃嫔从礼仪上讲应当从缓。"明孝宗采纳了他的建议。

谢迁是皇帝侍讲官，每次讲课都竭力让皇帝掌握做好皇帝的道理，明孝宗多次夸他讲得好，晋升他为少詹事兼侍讲学士。谢迁上书皇帝，劝告太子亲贤者，远佞臣，勤学问，戒安逸，明孝宗对此大加赞扬。谢迁仪表堂堂，相貌英俊，办事坚持原则，为人光明磊落，善于据理论争，被誉为贤相。

明孝宗在贤臣辅佐下大力兴修水利，发展农业，繁荣经济，采取种种措施减轻百姓的徭役和赋税。他革除一切弊政，倡导节约，与民休息。

弘治二年（1489年）五月，开封黄河决口，明孝宗命户部左侍郎白昂率领五万人修治。

弘治五年（1492年），苏松河道淤塞，泛滥成灾。明孝宗命工部侍郎徐贯主持治理，历时近三年方告完成。从此，消除了水患，苏松一带再度成为鱼米之乡。

明孝宗是中国历史上公认的好皇帝，甚至有人说他是一位伟大的皇帝，因为他不但是明朝的中兴明君，而且还是中国历史上唯一一位用实际行动实践男女平等

的皇帝。他一生只娶了一个张皇后，不封贵妃、美人，过着和平常百姓几乎一样的夫妻生活。作为一个拥有无上权力的皇帝，能够这样洁身自律，在帝王中可谓前无古人，后无来者，是独一无二的。

明孝宗在位的十八年间是明代历史上少有的经济繁荣、人民安居乐业的太平时期，人称"弘治中兴"。

弘治十八年（1505年）五月初七，明孝宗病逝。据《明史》记载，明孝宗死后，"深山穷谷，闻之无不哀痛"，"哭声震野"。

晚明学者朱国桢说："三代以下，称贤主者，汉文帝、宋仁宗与我明之孝宗皇帝。"他认为明孝宗是夏商周三代以来与汉文帝、宋仁宗一样的明君。

后世历史学家认为明孝宗力挽危局，为中兴明主，其功业不亚于明太祖和明成祖。在个人品德方面，更远胜于明太祖和明成祖。

四、为害百余年的三代昏君
和昙花一现的明君贤臣

（一）明武宗

明孝宗病逝后，太子朱厚照继位，史称明武宗，是明朝第十位皇帝，在位十六年，年号正德。

朱厚照幼时肤如冰玉，颇有帝王风范。8岁时出阁读书，接受严格的教育。朱厚照极其聪明，所授之书次日便能背诵，宫内烦琐的礼节了然于胸。明孝宗前来检查学业时，他率领大臣迎送，中规中矩，赢得一片赞扬声。明孝宗和大臣们都认为这位皇太子将来定会成为一代明君。

明武宗生性好动，自幼喜爱骑射。明孝宗一心想把他培养成明太祖那样的皇帝，因此对他颇为纵容，从而养成了他尚武的习气。

明孝宗病逝前一天，特意把大学士刘健、谢迁、李东阳召至乾清宫托孤说："东宫虽然聪明，但年纪尚幼，喜好逸乐，爱卿要常劝他读书，辅佐他成为贤主。"

不料，明武宗拥有天下后，经不住物质刺激和诱惑，把聪明劲都用在享乐上了。他玩物丧志，不愿意留在金碧辉煌的紫禁城，而是长年往返于自己营建的两个小天地，即西苑的豹房和宣府的镇国府。从正德二年（1507年）到正德十五年（1520年）病逝，他一直住在豹房。后期，他一高兴就前往镇国府，亲切地称镇国府为"家里"。

豹房原是豢养金钱豹以供玩乐的地方，另有虎房、象房、鹰房等。明武宗兴建的豹房原址在北京皇城西苑太液池西南岸，临近西华门。豹房新宅始建于正德二年，共添造房屋200余间，耗银24万两。豹房新宅并非养豹之所，而是明武宗居住和理政之地。豹房新宅多构密室，有如迷宫，又建有校场、佛寺等。明武宗每日在豹房广招乐妓作陪，荒淫无度。正德九年（1514年）正月十六日，元宵节放烟花，紫禁城不慎失火，殃及乾清宫。乾清宫是内廷三大殿之首，象征着皇权和至尊。明武宗见乾清宫火起后，并不下令扑救，反而跑到高处观赏，谈笑风生，对左右说："好大一棚烟火啊！"世间竟有这样的皇帝，真是没心肝的昏君！

豹房中除乐妓之外，还有明武宗的义子。明武宗在位十几年间，曾收了一百多个义子。在这些义子中，最得宠的是钱宁和江彬。钱宁是个神箭手，深为尚武的明武宗所爱重。明武宗在豹房里常醉枕钱宁而眠，百官只要看到钱宁懒懒地走出来，就知道皇帝快出来了。江彬原是边将，骁勇过人。在一次战斗中，江彬身中三箭，其中一箭射中面门，但他毫无惧意，拔箭再战。因军功觐见时，江彬大谈兵法，深合明武宗之意，又见他身材魁伟，相貌堂堂，便将他留在身边了。有一天，明武宗在豹房戏耍老虎。耍着耍着，不料平日温顺的老虎突然兽性大发，直扑明武宗。明武宗忙呼身旁的钱宁救驾，钱宁畏缩不前，而江彬挺身而出，三拳两脚将老虎制服。明武宗十分感激江彬，从此江彬取代了钱宁的位置，极为得宠。

江彬深恐钱宁害他，便向明武宗吹嘘边军如何英勇善战，引诱明武宗将边军与京军互调，借以自固。不仅如此，江彬还鼓动明武宗到西北游幸，说那里美妇甚多。正德十二年（1517年），明武宗一行来到宣府，营建镇国府。明武宗自封为

总督军务威武大将军总兵官，更名朱寿，又加封为镇国公，令兵部存档，户部发饷。

明武宗非常喜欢镇国府，在江彬的鼓动下，下令将豹房的珍宝和妇女运到镇国府，以供玩乐。

明武宗受"八虎"的蛊惑，不顾朝臣的反对，沉湎酒色，不能自拔。八虎指八个太监，包括刘瑾、马永成、高凤等人，其中以刘瑾为首。刘瑾为人阴险狡猾，想方设法鼓动明武宗玩乐，进献鹰犬狐兔，还偷偷带明武宗到处逛，哄明武宗高兴，因此深受宠信，并逐渐掌握了大权，人称立地皇帝。

明武宗身边美女如云，有教坊司的女妓、高丽美女、西域舞女、扬州少女，甚至还有寡妇。明武宗过着恣意妄为的淫乱生活，尽情享受，但他还不满足。刚到宣府时，天一黑便带上一队亲兵在街上乱逛，看见高墙大院就令亲兵上前砸门，

然后入内强索妇女，带回去淫乐。

从西北回来后，明武宗又要南巡，想换换口味。

正德十四年（1519年），江西宁王叛乱，明武宗以此为借口南下亲征。当他走到河北涿县时，王守仁擒获宁王的捷报传来。明武宗为了南下，急令王守仁不要北上献俘。

正德十五年，在南下途中，明武宗于清江浦垂钓，不慎落水受寒，身体每况愈下。次年，明武宗病死于豹房。

明武宗一生沉湎酒色，毫无建树，而为他平叛的王守仁却大有建树，创立了"心学"，在中国哲学思想史上占有重要的地位，为中华民族作出了巨大的贡献。

王守仁的父亲王华是状元，对儿子管教极严。王守仁少年时学文习武十分刻苦，但非常喜欢下象棋。为此，父亲经常责备他，一气之下把象棋投进河中。王守仁大为震动，当即写了一首诗："象

棋终日乐悠悠，苦被严亲一旦丢。兵卒坠河皆不救，将军溺水一齐休。马行千里随波去，象入三川逐浪游。炮响一声天地震，忽然惊起卧龙愁。"在父亲的关心下，王守仁以卧龙先生诸葛亮自勉，决心要做一番事业。从此，他一心读书，学业大进，骑射和兵法也日趋精通。明孝宗弘治十二年（1499年），王守仁考中进士，授兵部主事。提督军务的太监张忠见王守仁是个文人，却授兵部主事，很瞧不起他。一天，张忠竟强令王守仁当众射箭，想让他出丑。不料王守仁弯弓就射，三发三中，引得全军欢呼，令张忠十分尴尬。王守仁做了三年兵部主事，因反对宦官刘瑾，于明武宗正德元年（1506年）被廷杖四十，贬为贵州龙场（今贵州省修文县）驿丞。刘瑾被诛后，王守仁升任庐陵县知事，又升任南京太仆寺少卿。这时，王琼担任兵部尚书，认为王守仁有不世之才，将他推荐给朝廷。正德十一年（1516

年），王守仁升任右佥都御史，不久又出任南赣巡抚，成为封疆大吏。他为政勤敏，用兵神速，平定了朱宸濠之乱，因功拜为南京兵部尚书，封新建伯。

王守仁学问渊博，人品高尚，不肯与朝中权贵同流合污，因而受到妒忌和排挤。他毅然决然地离开污浊的官场，回乡讲学，在绍兴、余姚一带成立书院，推广教育。

王守仁创立了心学，发展了陆九渊的学说，主张"知行合一"，用以对抗程朱学派，反对宋儒 "知先后行"以及各种割裂知行关系的说法，形成了阳明学派。他广收门徒，循循善诱。他的弟子与心学影响了很多人，如张居正、海瑞等。王守仁被公认为中国明代最著名的思想家、哲学家、文学家和军事家，是中国历史上罕见的全能大儒，因而得以配祀孔庙。他的哲学思想远播海外，特别对日本学术界影响极大。

（二）明世宗

明武宗死后，因无子嗣，兴王朱祐杬的独子朱厚熜继位，成了明朝第十一位皇帝，史称明世宗。

朱祐杬是明宪宗的第二子，明孝宗的异母弟，明武宗的叔父，18岁就藩，封地在湖广安陆洲（今湖北省钟祥市）。

明世宗幼时聪明，兴王亲自教他读书，学过《孝经》《大学》及治国之道。

明世宗继位之初，杀了佞臣钱宁、江彬等，下诏废除了明武宗时的弊政，除采取了历代新君例行的大赦、蠲免、减贡、赈灾等措施外，还扭转了正统以来形成的内监擅权、败坏朝政的局面，朝政为之一新。

明世宗曾下令清理庄田，不问皇亲权贵，凡系冒领及额外多占者悉数还给百姓。但是，这些善政并没有维持多久。

明世宗信奉道教，尊敬鬼神。他不仅本人信道，还要大臣都要尊道，尊道者升官，敢于进言劝谏者轻则削职为民，枷锁狱中，重则当场杖死。

明世宗在位时，道士邵元节、陶仲文等官至礼部尚书，陶仲文还兼少师、少傅、少保数职。

明世宗的帝位来得偶然，可以说是白捡的。他在沾沾自喜之余，一心想长生不老，好永远占有帝位。这是他信奉道教的原因。

明世宗到处寻找方士，搜罗秘方，许多人因此招摇撞骗，一步登天。大奸臣严嵩就是因为善于揣摩明世宗的心思，给明世宗写青词写得好，令他满意，才入阁成为宰相的，民间称之为"青词宰相"。青词指道教仪式中向上天祷告的短文。

嘉靖十五年（1536年），严嵩由南京吏部尚书调到北京担任吏部尚书后，即开始大索财贿。尽管明世宗知道严嵩贪

赃枉法，可就是舍不得处理他，还让他主持朝政，自己则深居皇宫专心修道。在他在位的四十五年间，竟然有二十多年不上朝理事，由严嵩擅权达十七年之久。严嵩大树朋党，排除异己，残害忠良，以致国家兵备废弛，财政拮据，社会危机日益加深。

明朝中叶，蒙古鞑靼部兴起，统一了蒙古各部。俺答汗在位时，蒙古势力十分强盛。俺答屡次率军骚扰内地，边将为了保官，将军粮大半贿赂严嵩了。军士饥疲，无力抵抗蒙古大军。边疆驻军反对克扣军粮，激起多次兵变。嘉靖二十九年（1550年），俺答率军长驱直入，在北京郊区劫掠数日，满载而归，史称"庚戌之乱"。

由于明世宗的昏聩和权臣的误国，东南沿海的海防也十分空虚，一些重要地段的士兵仅有原额的三分之一，战船只占应有的十分之一。从嘉靖三十一年

（1552年）开始，日本海盗大举进犯。仅三四年间，江浙军民就有数十万人被杀害。这些日本海盗个头矮小，百姓称之为"倭寇"。

岳飞说："文官不爱钱，武将不怕死，天下太平。"在嘉靖一朝，文官虽大多爱钱，武将却有不怕死的。戚继光就是这样的武将，在负责明朝东南边防的王荆川的大力荐举下，戚继光担起了剿灭倭寇的重任。

戚继光是中国明朝军事家、抗倭名将、民族英雄。戚继光字元敬，祖籍安徽定远，生于山东济宁。戚继光17岁时承袭父职，出任登州卫指挥佥事。

嘉靖三十四年（1555年），为打击倭寇，朝廷调戚继光到浙江担任都司，次年提升他为参将，负责镇守倭寇猖獗的宁波、绍兴、台州三府。经过几年征战，戚继光发现明军将骄兵惰，纪律松弛，战斗力低，无力担当抗倭的重任。经上报批

准后，戚继光于嘉靖三十八年（1559年）亲自到金华、义乌等地招募精壮的农民和矿工四千余人，按年龄和身材配发不同兵器，进行编组训练。在军训中，戚继光以"岳家军"为榜样，教育士兵苦练杀敌本领，要勇猛顽强，服从命令，严守纪律，爱护百姓。不久，一支闻名天下的"戚家军"诞生了。戚继光赏罚严明，不计个人恩怨，平时与官兵同甘共苦，因而深受士兵拥戴。

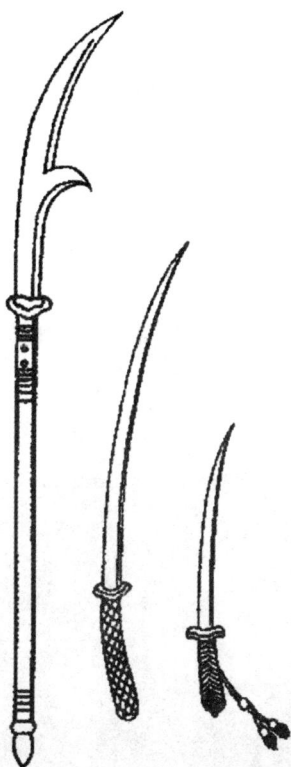

倭寇惯用重箭、长枪和倭刀作战，浙闽沿海又多山陵沼泽，道路崎岖，大部队兵力不易展开，而倭寇又善于设伏，好短兵相接。戚继光针对南方水乡地形和倭寇作战特点，创造了攻防兼宜的"鸳鸯阵"，以12人为一队，长短兵器配合，因地制宜，随时变换队形，灵活作战，在浙江九战皆捷，沉重地打击了倭寇。在戚家军的沉重打击下，到嘉靖四十五年（1566年）时，窜扰我国东南沿海的倭寇基本被肃清了。

明世宗迷信方术，经常吞服道士炼制的丹药。方士说用每天早晨的露水炼丹，效果最好，可以使人长生不老。于是，明世宗命令许多宫女清早为他去采露水，采露非常辛苦，久之，宫女们实在忍受不了，决定杀死明世宗。嘉靖二十二年（1543年）一天深夜，以杨金英为首的宫女趁明世宗熟睡之时，潜入他的寝宫，用黄绫勒住他的脖子，企图把他勒死。因为过于紧张，她们将绳子系成了死扣，怎么收也收不紧。这时，有人发现，跑出去报告皇后，皇后马上领人来救驾。杨金英等人全部被捕，几天后被凌迟处死。这件事史称"壬寅宫变"。

明世宗大难不死，被吓得失魂落魄，从此躲在西苑设醮炼丹，二十余年不敢再回大内，置朝政于不顾，使贪赃枉法的首辅严嵩横行近二十年。

明世宗一朝，在文官中，有一位最不

爱钱的, 那就是我国历史上有名的大清官海瑞。

海瑞是明代著名政治家, 于明世宗嘉靖二十八年 (1549年) 考中举人。

海瑞做官后屡平冤假错案, 打击贪官污吏, 两袖清风, 爱民如子, 因而深得民心。他见明世宗深居西苑, 不理朝政, 便上书说:"陛下一心一意学道修行, 花尽民脂民膏, 二十余年不上朝听政。数年来官吏贪污横行, 欺压百姓, 百姓已经无法生活了。请陛下看看今日的天下还成什么样子? 对于陛下的错误, 大臣们只知阿谀奉承, 没有一个人肯为陛下指出。这是欺君之罪啊! 天下是陛下的家, 陛下连家都不顾了, 这合乎人情吗? 陛下的失误太多, 但其中最大的失误是修道。修道的目的是为了长生不老。这是小人制造荒唐离奇的事来欺骗陛下。陛下企图脱离世间, 成仙飞升, 这是枉费精神, 捕风捉影, 只能劳苦一辈子, 一无所成。大臣怕陛下治

罪而不敢说真话，臣却抑止不住心中的愤恨，冒死进言，希望陛下听取，早日上朝，改革朝政，救救百姓。"

因为明世宗常杀向他进谏的大臣，所以海瑞在进谏之前准备好了一口大棺材备用，还和妻子做了诀别。

明世宗读罢海瑞的奏章，勃然大怒，把奏章扔在地上，对左右吼道："快把海瑞抓起来，不要让他跑了。"宦官黄锦对明世宗说："这个人是不会跑的。听说他上书前，知道冒犯皇上必死，已经买好了一口棺材，还和妻子诀别了。"

明世宗将海瑞关进监狱后，越想越气，要杀海瑞。这时，宰相徐阶上前用几句话救了海瑞。他是这样说的："陛下，听说海瑞在上书之前，已经买好了棺材。他明知会触怒皇上，还敢如此大逆不道，其用心何其歹毒啊！此人的目的十分明显，他这是要激怒陛下，好以死求名。陛下如果杀了他，岂不正中了他的圈套！" 明世

宗一边听一边点头，心想："是的，我是一位英明的皇帝，怎能让一个小小的六品主事给骗了呢？"

就这样，海瑞的命保住了，继续在监狱住了下去。

第二年，即嘉靖四十五年，明世宗死于乾清宫。

（三）明穆宗

明穆宗朱载垕是明世宗第三子，明世宗病逝后继位，是明朝第十二位皇帝，在位六年，在历史的长河中犹如昙花一现。

明穆宗的母亲杜康妃失宠，明穆宗很少得到父爱，刚满16岁便到封地开始了独立生活，在裕王邸生活了13年，对民间疾苦，对国家积弊，对严嵩乱政，对内忧外患有清楚的认识，这对他登基后的大胆改革有很大的影响。由于他的两位长兄先后早死，他才成了储君。

明穆宗继位后，改年号为隆庆。在高拱、陈以勤、张居正等大臣的辅佐下，实行了一系列的改革。

明穆宗封为裕王时，明世宗被方士所惑，相信"二龙不相见"的胡说八道，十几年未与朱载垕相见。对方士欺君乱国和浪费民脂民膏的罪行，明穆宗恨之入骨，一上台就毫不手软地处死了这些国贼，如王今、刘文斌等。

接着，明穆宗平反冤狱，宣布自正德十六年（1521年）至嘉靖四十五年（1566年）十二月以前，因进谏获罪的大臣凡活着的全部复官，已死的存恤其后人。

于是，因直谏被明世宗关在监狱里的海瑞也获释出狱，官复原职了。

明代中后期，地主兼并土地的现象十分普遍。他们与官府勾结，不交税，不服役，给老百姓增加了沉重的赋役负担。百姓要多交税，多服役，受尽盘剥，苦不堪

言。

海瑞出狱后，不久便升任右佥都御史，管理应天十府。应天十府包括现在江苏、安徽两省大部分地区。

海瑞上任后，不顾大地主反对，重新丈量土地，规定按实有土地面积缴纳田赋，田多多纳，田少少纳，无田不纳。他还强令大地主退田，解决土地兼并问题。海瑞的这种做法虽然遭到大地主的强烈反对，但深得民心。

巧的是，这一地区最大的地主正是曾救过海瑞的徐阶。徐阶退休还乡后，纵容儿子强夺民田，肆无忌惮地兼并土地，弄得民怨沸腾。

海瑞命令大地主退田时，徐阶的儿子十分忧虑。徐阶笑了笑说："我救过海瑞的命，他不会不照顾我的。"

海瑞为了推动退田，为了国家大计，他刚正不阿，公事公办，不顾情面，勒令徐阶退田，并将他的儿子制裁了。其他大

地主见海瑞连恩人也不放过，都纷纷退田，土地集中的现象得以缓解。

由于交税和服役的人多了，百姓的负担减轻了。这样，海瑞救了好多百姓的命，使他们免于饥饿劳累而死。

当初，要不是徐阶在朝上挺身而出，力救海瑞，海瑞早就死了。因此，海瑞对徐阶一直心存感激之情。这次，海瑞以国事为重，不顾私恩，一般人是做不到的。正因为海瑞是个大公无私的人，所以才能不偏袒，不徇私。

不久，海瑞升任大理寺丞，负责法律。海瑞见明穆宗明辨是非，知人善任，更加卖力。他杀贪官，除恶霸，赢得了百姓的交口称赞。

明穆宗罢除一切斋醮，撤了西苑内的高玄殿、国明阁、玉熙宫等处为斋醮所立的匾额，停止因斋醮而开征的杂税和加派的织造、采买。

明穆宗整顿吏治，加强对官吏的考

核, 过去不予考核的王府官员也在考核之列。廉政官员受到奖赏和提拔, 贪官污吏则罢官治罪。

明穆宗采取恤商与开关政策, 减轻商人的负担。过去, 明朝曾多次颁布禁止百姓私自下海的命令, 明穆宗大开关禁, 使海外贸易蓬勃地发展起来。

明穆宗加强训练军队, 巩固边防。缓解与北方蒙古族的矛盾, 开展互市贸易, 使北方汉、蒙百姓有了安定的生活环境。

明穆宗隆庆四年 (1570年), 蒙古鞑靼部落首领俺答的孙子把汉那吉因家庭纠纷投奔明朝, 俺答率大军到明朝边界要人, 时任宣府大同总督的王崇古关闭城门, 坚守不出, 双方没有爆发大规模的战斗。随后, 在内阁大学士高拱和张居正的策划与安排下, 明朝派使者与俺答谈判, 最终用把汉那吉交换了背叛明朝投奔鞑靼十余年的汉奸赵全, 事件得以

和平解决。

在这次事件中，明朝与鞑靼双方通过沟通增进了彼此间的了解，俺答再次提出进贡和互市。在高拱和张居正的斡旋下，明朝与鞑靼达成和议，明朝封俺答为顺义王，同时双方在边境地区开展互市贸易。隆庆和议的达成加强了汉蒙两族人民的团结，此后近百年中，双方再未爆发大规模的战争。

明穆宗以身作则，一改皇室奢侈的作风。他在生活上一切从简，粗衣素食，起了很大的表率作用。百官争相效仿，以致节俭成风，大大减轻了百姓的负担。

隆庆六年（1572年）四月二十五日春天，明穆宗病危，召高拱、张居正及高仪三人为顾命大臣。第二天，病逝于乾清宫。

（四） 明神宗

明神宗朱翊钧是明朝第十三位皇帝，是明穆宗第三子，10岁继位，次年改元万历。在位四十八年，是明朝在位时间最长的皇帝。

明世宗死后，明穆宗继位，张居正因才能出众受到明穆宗的宠信。明穆宗在位六年后死去，临死前命张居正等三人为辅政大臣。

张居正字叔大，明世宗嘉靖四年（1525年）生于江陵。张居正自幼聪明绝伦，嘉靖二十六年（1547年）考中进士。张居正眉清目秀，胡须至腹；勇于任事，以天下为己任。

明神宗继位后不久，张居正成了首辅。张居正根据明穆宗的嘱托，像老师教学生一样循循善诱地辅导年仅10岁的明神宗。张居正编了一本图文并茂的历史故事书，名为《帝鉴图说》，每天给明神宗讲解。

张居正对明神宗的教育十分严格，明神宗把张居正当做严师，既敬他，又惧他。在太后和大宦官冯保的支持下，朝中大事全由张居正作主。张居正掌握实权后，大刀阔斧地在军事、政治、经济几方面进行了整顿。

在张居正的努力下，腐败的明朝政治有了转机。国家粮仓堆满了粮食，足够十年之用。国库中也堆满了白银，花也花不完。

由于张居正的改革触犯了贵族的利益，这些人对张居正恨之入骨。

明神宗万历十年（1582年），张居正因病去世。

明神宗亲政后，一向对张居正改革不满的大臣纷纷攻击张居正和支持他的大太监冯保。昏君明神宗深信他们的谗言，把张居正生前的官爵全部撤掉，还抄了冯保的家，抄出好多白银和各种奇

珍异宝。明神宗以为张居正执政十年,家中的白银和奇珍异宝也一定不会少。出于贪心,他竟下令抄了恩师兼贤相张居正的家。明神宗借口追赃,使张居正的儿孙十多人被关在屋子里活活饿死,大儿子被拷打后自缢而死。

明神宗废除了张居正的所有改革措施,刚有一点转机的明王朝又衰落了。

明神宗十分好色,在民间大选嫔妃,还玩弄小太监。当时宫中有10个长得很俊的小太监,就是供他发泄兽欲的,号称"十俊"。

明神宗极其贪财,将冯保、张居正的家产全部搬入宫中,归自己支配。挥霍光了之后,为了掠夺钱财,又派出矿监、税监到全国各地搜括钱财,搞得民变四起,天下大乱。

明神宗不理朝政,不管江山社稷,只顾自己享乐,沉湎酒色,导致经济凋敝,武备不修。

贤臣张居正的改革虽长达十年，但在历史长河中仅如昙花一现，就被昏君明神宗断送了。

明万历四十四年（1616年），女真酋长努尔哈赤在赫图阿拉（今辽宁省新宾县）自称可汗，建立了后金政权。

两年后，努尔哈赤率军进攻明朝，在萨尔浒一战中歼灭了十万明军。从此，明朝军队丧失了优势，从而注定了明朝灭亡的结局。因此，历史学家说："明之亡，实亡于神宗。"

五、从"一月天子"到亡国之君

（一）明光宗

万历四十八年（1620年）八月，明神宗病逝，太子朱常洛于同月继位，改年号为泰昌，史称明光宗。明光宗是明朝第十四位皇帝。

明光宗生于万历十年（1582年），是明神宗的长子。因为他的生母王氏是一名宫女，所以明神宗认为这个皇子的出生是他的一件丑事。直到明神宗去世，明光宗一生未得到父爱。

明神宗宠爱郑贵妃，将郑贵妃的儿子福王朱常洵视若心头肉，因此便有了废长立幼的想法。他先是违反古制册封郑氏为贵妃，而没有册封长子的母亲。不久，他又提出三王并封的主意，将众皇子都封为王，借以降低长子的地位，由于朝臣极力谏阻而没有成功。

在明光宗和朱常洵两人择一而立的问题上，因双方竞争激烈，竟拖了十余年之久，直至万历二十九年（1601年），在朝臣的极力争取和皇太后的大力支持下，明光宗才被册立为皇太子。此事史称"国本之争"。

明光宗当上太子后，朝内党争和宫闱纠纷始终时时威胁着他的太子地位。由于明光宗在各方面的表现都中规中矩，明神宗才无话可说。

就在太子之位渐渐稳定的时候，宫中发生了"梃击案"。万历四十三年（1615

年)，蓟州（今天津市蓟县）男子张差持枣木棍闯入太子居住的慈庆宫，准备行刺，被宫门太监抓住，明光宗才算躲过一劫。行刺的男子先是装疯，后又供认郑贵妃手下的太监庞保、刘成指使他干的，并引他进入太子寝宫。时人都怀疑郑贵妃是主谋，目的是让她的儿子登上太子之位。但明神宗和太子都不愿意追究，仅仅杀了张差，杖死了庞保和刘成，就草草结案了。

明光宗继位后，在位仅一个月，史称"一月天子"。

明光宗在位时间虽短，却做了不少好事，进行了一系列改革。他分发内帑犒劳边关将士，罢除了万历朝的矿税。同时，他又拨乱反正，将因进谏而得罪皇帝的言官全部释放，官复原职。

面对万历中后期官员严重不足的情况，明光宗提拔了一批新的官吏，补足了缺额，使朝政有了起色。

但是，明神宗留下的是一堆烂摊子，朝纲腐败，经济凋敝，宫内纠纷无休无止，军力日衰，边疆吃紧，后金崛起，边疆残破，大明王朝摇摇欲坠。明光宗虽有心中兴，但已无力回天了。

明光宗继位后因政务繁忙，不到一个月就病倒了。经太医崔文升诊治，服用泻药后，一日一夜竟腹泻43次，病情日益恶化。这时，鸿胪寺丞李可灼进献两粒红丸，说是仙药。明光宗用了第一粒，气喘减缓，食欲大增，病情稍见好转。接着，他又服了第二粒，服后昏昏睡去，第二天清晨便病逝了。有人怀疑红丸是郑贵妃指使李可灼进的毒丸，最后也不了了之。这件事史称"红丸案"。

（二）明熹宗

朱由校是明光宗长子，于泰昌元年（1620年）九月继位，次年改元天启，史

称明熹宗，是明朝第十五位皇帝。

明熹宗继位时16岁，将乳母客氏封为奉圣夫人，又升与客氏有私情的内监魏忠贤为司礼监秉笔太监。

明熹宗不关心国家大政，整天躲在后宫做木匠活。在木工方面，他的技艺极高。他曾经造过一种木制模型，有山有水还有人，木人身后有机关控制，能动起来。模型做好后，拿到市场上去卖，竟卖了近千两银子。明熹宗高兴得手舞足蹈，从此再也不理朝政，只专心做一名高级木工。明熹宗不理朝政，司礼监秉笔太监魏忠贤乘机掌握了朝政。

魏忠贤网罗亲信，结党营私，从内阁、六部到各省总督、巡抚衙门都有魏忠贤的死党。朝内的"五虎""十狗""十孩儿""四十孙"等爪牙盘踞各要害部门，大肆杀害反对他们的正直官员。

明熹宗天启二年（1622年），魏忠贤以皇帝名义颁布禁令，拆毁全国所有书院，在士人心中享有崇高声誉的东林书院、首善书院、关内书院、江右书院、徽州书院均遭厄运。

魏忠贤专权误国，爱国的士大夫扼腕愤慨，不久便掀起了倒魏风潮。

天启四年（1624年），魏忠贤在明熹宗支持下疯狂反扑。他先迫令主张让魏忠贤自动引退的内阁首辅叶向高辞官，接着将弹劾魏忠贤的杨涟、左光斗、魏大中、高攀龙、赵南星等大臣罢官。这样，内阁、六部、都察院等部门几乎全部落入阉党的控制之下。

魏忠贤见时机成熟，便大开杀戒，先后制造了"六君子之狱"和"七君子之狱"。

魏忠贤假传圣旨，逮捕杨涟以及支持杨涟的左光斗、袁化中、魏大中、周朝瑞、顾大章，以追赃为借口，将六人拷打至死。这就是"六君子之狱"。

魏忠贤又以"欺君蔑旨"的罪名将支

持杨涟弹劾他的周起元、周宗建、缪昌期、高攀龙、李应升、黄尊素、周顺昌逮捕入狱，也拷打至死。这就是"七君子之狱"。

这时，魏党额手称庆，开始为其主子魏忠贤大建生祠。昏君明熹宗竟然还为生祠匾额题写了"普德"二字，为之推波助澜。

魏忠贤勾结明熹宗的乳母客氏掌握朝廷大权，专横跋扈，结帮营私，卖官鬻爵，残害忠良，将朝廷搞得暗无天日。魏忠贤极为狡猾，他常趁明熹宗专心做木匠活时送去奏章，让明熹宗批阅。明熹宗哪有心思管这事，便推托说："我知道啦，你们好好办就行了。"这样，就给了魏忠贤以窃权之机。

这时，国内各种矛盾日益激化，北方女真族在努尔哈赤领导下强大起来，边境形势日益紧张。明熹宗听信谗言，不辨是非，罢免了精通兵法的辽东经略熊廷

弼, 致使努尔哈赤攻陷了沈阳和辽阳。为了稳定辽东, 不得不再次起用熊廷弼为辽东经略。熊廷弼根据辽东实际情况, 制定了正确的攻守方略。而掌握辽东实际兵权的巡抚王化贞却不顾敌强我弱、容易被各个击破的危险, 力主分兵把守, 全面进攻。在魏忠贤的策划下, 明熹宗杀了坚持正确方略的熊廷弼。熊廷弼有胆有识, 擅长攻守, 守边有功, 他的死令时人大呼冤枉。辽东战局陷于严重危机, 幸有文武全才袁崇焕坚守宁远, 努尔哈赤才未冲进关来。

天启七年 (1627年) 八月, 明熹宗在客氏、魏忠贤的陪同下到西苑乘船游玩时, 忽被一阵狂风刮翻了船。明熹宗跌入水中, 差点被淹死。虽被人救起, 明熹宗经过这次惊吓, 却落下了病根, 多方医治无效, 身体每况愈下。

后来, 尚书霍维华进献"灵露饮", 说服后能健身长寿, 立竿见影。明熹宗

饮用后，觉得清甜可口，便日日服用。不料饮用几个月后，竟得了臌胀病，浑身浮肿，卧床不起，不久便病逝了。

（三）明毅宗

明毅宗朱由检生于万历三十八年（1610年），是明光宗的第五子，明熹宗的弟弟，于明熹宗继位后的第二年被册封为信王。

明熹宗在位七年，没有子嗣，临终前对朱由检说："好弟弟，由你来做尧舜吧。"

朱由检是明朝第十六位皇帝，比明熹宗小5岁，受过很好的教育，由进士出身的翰林院官员悉心调教。18岁时，明熹宗替他完婚，聘周奎之女为王妃。朱由检擅长书法、诗文，也善于弹琴。他的字龙飞凤舞，气韵非凡。

朱由检继位后，次年改年号为崇祯，

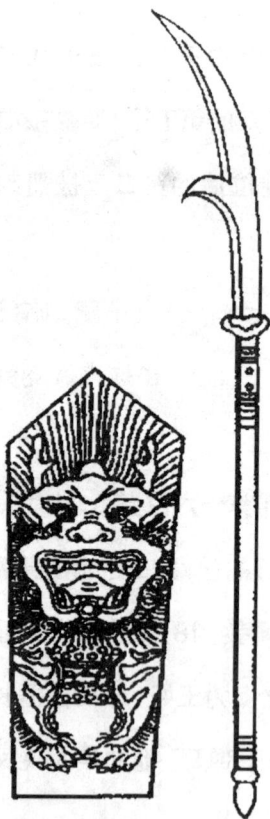

在位十七年,励精图治,一心一意想做尧舜。他勤于政务,事必躬亲。每逢经筵,他总是恭听大臣阐释经义,毫无倦意,还常常召廷臣共同探讨治国之策。但他猜忌之心太重,杀了文武全才袁崇焕,自毁长城;被宦官所误,在军国大事上处置失当。

崇祯皇帝继位伊始,就大力清除阉党,于当年十一月初一降旨,勒令魏忠贤到凤阳去看守皇陵,家产全部充公。魏忠贤出京后,于十一月初六自缢于阜城县南关。在其自缢而死后,崇祯皇帝又下令磔其尸于河间。

崇祯二年(1629年)三月十九日,朱由检公布逆案名单,除首恶魏忠贤自缢、客氏笞死外,其余七类,首逆同谋六人一律拟斩,交结近侍十九人一律论斩,交结近侍次等十一人发配边疆充军。逆孽军犯三十五人、谄附拥戴军犯十五人、交结近侍又次等一百二十八人或削籍,或罢官。

这样，总算把朝廷清理干净了。崇祯皇帝铲除了魏忠贤集团，曾一度使明王朝有了中兴的可能。不料崇祯皇帝在清除魏忠贤为首的阉党后，又重用另一批宦官，竟给予宦官行使监军和提督京营的大权。大批宦官被派往地方重镇，凌驾于督抚之上。甚至派宦官总理户部和工部，而将户部尚书和工部尚书搁置一旁，致使宦官权力日益膨胀，统治集团矛盾日益加重。这些宦官在前线挟皇帝之威瞎指挥，断送了大明王朝。

明朝后期，东北女真人首领努尔哈赤统一满洲，建立了后金政权，虎视眈眈地注视着明朝江山。他想吞并东北，再入侵关内。他做梦也没有想到，曾经百战百胜、风云一时的他竟在宁远城下败给了一介书生袁崇焕，被红衣大炮击中，重伤而死。

袁崇焕进士出身，满腹经纶，文韬武略，用兵如神。他赤胆忠心，誓死保家卫

国。考中进士后曾做过福建邵武县令，政绩突出。后进兵部，守卫山海关及辽东，多次击败后金部队的进攻。

明熹宗在位时，魏忠贤阉党把袁崇焕的功劳记在自己的名下，反而责怪袁崇焕失职，将其罢官。

崇祯皇帝继位后，惩办了阉党，又给杨涟、左光斗等忠臣平反了冤狱。许多大臣都说袁崇焕善于用兵，能救大明江山，请求崇祯皇帝把袁崇焕召回朝廷。崇祯皇帝接受了这个意见，提拔袁崇焕为兵部尚书，负责指挥整个河北、辽东的军事。崇祯皇帝还亲自召见袁崇焕，问他有什么计划。袁崇焕回答说："只要给我指挥权，朝廷各部又能一致配合，不出五年可以收复辽东。"崇祯皇帝听了十分兴奋，给袁崇焕一口尚方宝剑，准许他便宜行事。

袁崇焕重回宁远，选拔将才，整顿队伍，军纪严明，士气大振。东江总兵毛文

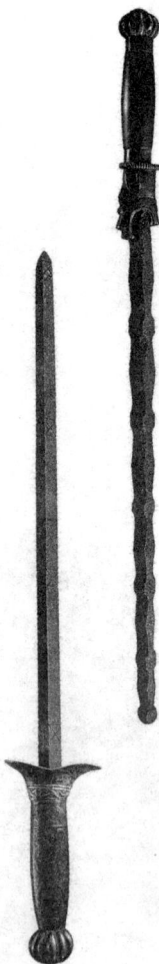

龙作战不力，虚报军功，不服从袁崇焕的指挥，袁崇焕用尚方宝剑将他杀了。

努尔哈赤死后，其子皇太极继续南侵。他惧怕袁崇焕威名，不敢再攻宁远和山海关，只好从喜峰口南下，过长城后攻陷遵化，越过蓟州直逼北京。袁崇焕闻讯，率军两昼夜急驰三百余里，赶到北京广渠门外，以一当十大败十万女真兵。他准备等增援主力一到，就对女真兵实施合围。不料，在这关键时刻，崇祯皇帝听信宦官之言，认为这伙女真兵是袁崇焕有意引进来的，竟将尽忠报国的袁崇焕凌迟处死了。从此，明朝再也无人能抵挡女真兵的进攻了。

皇太极率军大掠之后，满载而归。此后，女真越来越强大。崇祯八年（1635年），皇太极把女真改称满洲。又过了一年，皇太极在盛京（今辽宁省沈阳市）称帝，改国号为清。

明朝派重兵镇守山海关，耗费了大

量的人力和物力。为此，明廷把沉重的负担转嫁到百姓头上，专门征收"辽饷"。

李自成是明末起义军领袖，陕北人。他生活的陕北一带气候寒冷，土地贫瘠，农作物产量很低，而明朝地方官不分青红皂白，一律按田亩征收田赋。陕北人民的负担要比全国其他地区重，生活极为痛苦。明末，陕北连年灾荒，庄稼颗粒无收，百姓起初吃蓬草，蓬草吃尽了吃树皮，树皮剥光了不得不吃泥土，甚至把石头碾成粉充饥。吃了这种石粉的人，过不了几天就腹胀而死。百姓再也无法生存下去，只得揭竿而起。

崇祯八年，各路义军在河南荥阳召开大会，李自成提出分兵定向、四路攻战的方案，受到各部首领的赞同，声望越来越高。次年，义军闯王高迎祥牺牲，李自成继称闯王，提出"均田免赋"的口号，获得了广大人民的欢迎，唱起了"迎闯王，不纳粮"的歌谣。部队迅速发展到

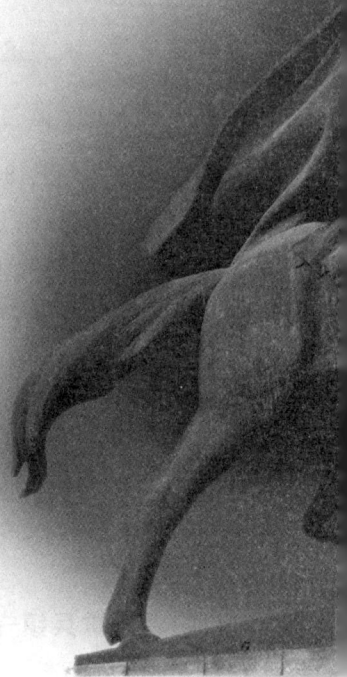

百万之众，成为农民战争中的主力军。

崇祯十七年（1644年）三月十七日，李自成率义军围攻北京城。十八日晚，崇祯皇帝与贴身太监王承恩登上煤山（今北京市景山），见城外烽火连天，长叹不已。

崇祯皇帝回宫后，写下诏书，命戚国公朱纯臣统领诸军并辅佐太子朱慈良。又命周皇后、袁贵妃和三个儿子入宫，简单地叮嘱了儿子们几句，命太监将他们分别送往外戚家躲藏。接着，他哭着对周皇后说："你是国母，理应殉国。"周皇后哭道："妾跟从陛下十八年，陛下没听过妾一句话，致有今日。现在陛下命妾死，妾怎敢不死？"说罢解带自缢而死。崇祯皇帝又对袁贵妃说："你也随皇后去吧！"袁贵妃哭着拜别后，也自缢了。崇祯皇帝召来15岁的长公主，流泪道："你为什么要生到帝王家来啊？"说完用左袖遮脸，右手挥刀要砍死公主，不料只砍中了

左臂，接着又砍断了右肩，长公主昏倒在地。崇祯皇帝以为长公主已死，又杀了幼女昭仁公主及几个嫔妃，并命令左右去催张皇后自尽。张皇后隔帘对崇祯皇帝拜了几拜，也去自缢，还未身亡时被人救下，但她还是于第二天晚上自尽了。

崇祯皇帝换上便服准备出城，混在太监中出了东华门。到朝阳门时，他说自己是王太监奉命出城，但守门人说要等天亮时验明后再放行。太监想要夺门而出，没有夺成。崇祯皇帝忙派人到负责城防的戚国公朱纯臣家，朱家人说朱纯臣赴宴未归。崇祯皇帝又赶到安定门，因门闸太重无法打开，外逃的路被彻底截断了。

十九日天刚破晓，太监王相尧开宣武门投降义军，义军浩浩荡荡地开入城中，守卫正阳门的兵部尚书张缙彦和守卫朝阳门的朱纯臣也先后开门迎降，北京内城被攻陷了。

崇祯皇帝得知这个消息，亲自在前殿鸣钟召集百官，钟声虽大，却未召来一人。于是，他与太监王承恩登上煤山，来到检阅内操的寿皇亭，脱下龙袍在衣襟上写道："朕凉德藐躬，上干天咎，致逆贼直逼京师，皆诸臣误朕。朕死，无面目见祖宗，自去冠尸，以发覆面，任贼分裂，无伤百姓一人。"写罢，与王承恩双双自缢而死。两天后，人们才发现他的尸体。

四月初，李自成派人将崇祯皇帝与周皇后草草葬入昌平县田贵妃的墓穴中，人们称之为思陵。

从明神宗末年开始，明朝一步步开始走向灭亡。